하나님의 요새

THE STRONGHOLD OF GOD

by Francis Frangipane

Copyright ⓒ 1998 by Francis Frangipane

Published by Charisma House
A Part of Strang Communications Company
600 Rinehart Road Lake Mary, Florida 32746 U.S.A.

Korean translation Copyright ⓒ 2004 by Pure Nard
2F 774-31, Yeoksam 2dong, Gangnam-gu, Seoul, Korea

This Korean edition is Published by arrangement with
Charisma House A part of Strang Communications Company.
All rights reserved.

본 저작물의 한국어판 저작권은 Destiny Image와의 독점 계약으로 한국어 판권은 '순전한 나드'가 소유합니다.
저작권자의 허락 없이 이 책의 일부 또는 전체를 무단 복제, 전재, 발췌하면 저작권법에 의해 처벌을 받습니다.

하나님의 요새

초판발행 | 2004년 6월 16일
개정1판 | 2011년 11월 5일

지은이 | 프랜시스 프랜지팬
옮긴이 | 박선규

펴낸이 | 허철
편집 | 김나연
디자인 | 오순영
인쇄소 | 고려문화사

펴낸곳 | 도서출판 순전한 나드
등록번호 | 제2010-000128
주소 | 서울 강남구 역삼2동 774-31 2층
도서문의 | 02) 574-6702 / 010-6214-9129
편집실 | 02) 574-9702
팩스 | 02) 574-9704
홈페이지 | www.purenard.co.kr

Printed in Korea

ISBN 978-89-6237-104-8   03230

하나님의 요새

프랜시스 프랜지팬 지음
박선규 옮김

| 들어가는 말 |

성경은 사탄이 땅으로 추방되어질 시기에 대해서 우리에게 말해 주고 있다. 사탄이 자기의 때가 얼마 남지 않은 것을 알고 크게 분내어 내려올 것이다(계 12:12). 어떤 그리스도인들은 교회가 그러한 사탄과의 전투에서 희생자가 될 것인지에 대해서 의문을 갖기도 하지만, 분명한 것은 오늘날 우리 세상에 악의 정도가 엄청나게 증가하고 있다는 사실이다.

우리는 어떻게 반응해야 하는가? 하나님이 노아에게 주셨던 방주와 같은 것을 오늘날 그리스도인들에게도 주셨는가? 하나님이 심판하는 동안에 우리가 안전하게 거할 수 있는 영적 고센 땅이 있는가? 우리는 이 질문들에 "그렇다"라고 대답할 수 있다. 하나님은 그리스도인들을 위해 영적 요새(stronghold)를 제공하셨고, 우리의 영혼은 언제든지 그 안에서 안전한 포구를 발견할 수 있다.

요새가 있다고 해서 우리 그리스도인들이 고통과 핍박과 예수 그리스도를 위한 죽음과 같은 것을 피할 것이라는 뜻은 아니다. 왜냐하면 "그리스도 안에서 경건하게 살고자 하는 모든 사람들은 핍박을 받을 것이다"라고 말씀하셨기 때문이다(딤후 3:12 참고). 또한 우리는 세상이 마침내 우리를 사랑하게 될 만큼 우리가 '영적'인 사람이 될 수 있는 그러한 장소를 찾아낼 수 있으리라고 기대할 수도 없다. 그들이 그리스도를 미워했다면 우리 또한 미워할 것이기 때문이다(요 15:18-19). 하나님의 요새는 하나님의 처소이며, 하나님이 우리 영혼들을 위해 제공하신 영원한 생명의 거처이다.

우리가 이 장소를 발견하기만 하면 우리가 직면하는 어떤 것도 우리를 패하게 할 수 없다. 하나님 자신이 모든 일들에서 우리를 보호하시기 때문이다. 우리를 대항하는 모든 고난 속에 악한 계략이 있을지라도 오히려 그것들 때문에 우리는 더 큰 유익을 얻게 된다. 우리의 삶 가운데에서 사탄의 계략들을 역회전시키고 사망의 권세들을 무효케 하는 것은 그리스도 안에 있는 구속의 능력이다.

당신이 비록 두려움과 죄악의 장소에 있거나 정서적으로 패배한 상황에 있을지라도, 그러한 상황들이 전능자이신 하나님께는 아무런 문제가 되지 않는다. 지금 있는 그곳에서 당신은 하나님의 요새에 다다를 수 있다.

| 목차 |

들어가는 말 *4*

1장 | 고독한 자들이 하나님을 발견하는 곳 *11*
엄청난 압박 / 엘리야: 우리와 성정이 같은 사람 / 처음으로 돌아가라 /
여기에 어떻게 도착하였는가

2장 | 하나님의 방법들에 대한 지식 *23*
물러남의 동굴 / 하나님의 새로운 계시 / 새로운 시작

3장 | 하나님의 처소 *37*
아버지의 보호 / 그리스도를 따르는 사람들을 위하여

4장 | 하나님의 경계 *45*
우리를 지키시는 하나님 / 우리의 모든 길을 지키심

5장 | 그의 말씀에 의해 보호받다 *53*
죽음을 결코 보지 않는 사람들

6장 | 변화된 마음 *61*

스스로 있는 거룩한 자

7장 | 정결할수록 더 강한 보호를 받게 된다 *69*

악을 위한 피난처는 없다 / 성령에 의하여 이끌림을 받다

8장 | 피 언약 *75*

성경 속의 언약의 역사 / 새 언약

9장 | 사랑의 세례 *89*

하나님 안에 거하기 / 지식을 초월하는 사랑

10장 | 모든 기도가 응답되는 곳 *95*

그리스도의 품 안에서

11장 | 그 이름의 능력 *101*

그의 이름으로 / 적에 대항하여

12장 | 이제 내가 주를 찬양하리이다 *111*
성취의 근원 / 생명나무 / 레아의 인생의 열매

13장 | 감사하는 마음 *123*
하나님의 임재 안에서 / 감사하는 사람이 겸손한 사람이다 /
시온에서 하나님이 빛을 발하셨다

14장 | 열매가 풍성한 골짜기 *135*
시온의 대로

15장 | 용서하는 마음 *145*

16장 | 사랑: 하나님의 예방법 *153*
압박받는 상황 속에서 사랑하기

17장 | 참소하는 자로부터 보호받기 *159*
정답 / 피난처 되는 십자가

18장 | 하나님과 함께 보좌에 *171*
하나님의 약속을 분만시키기 / 기도가 돌파구를 낳는다 / 적의 공격 /
말이 가진 힘 / 하나님께로 올려지기

19장 | 주님의 영광을 입기 *185*
예수님을 아는 것으로 인하여 유명해지기 / 영광의 천막

20장 | 하나님의 성소에서 *195*
지성소 / 여자도 남자도 아닌, 오직 그리스도

나가는 말 *203*

THE STRONGHOLD OF GOD

1장 고독한 자들이 하나님을 발견하는 곳

또 너로 말할진대 네 언약의 피로 말미암아
내가 네 갇힌 자들을 물 없는 구덩이에서 놓았나니
갇혀 있으나 소망을 품은 자들아 너희는 요새로 돌아올지니라
내가 오늘도 이르노라 내가 네게 갑절이나 갚을 것이라.

스가랴 9:11-12

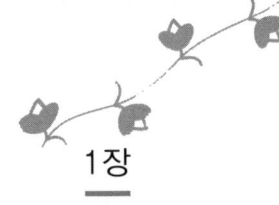

1장

고독한 자들이
하나님을 발견하는 곳

예수님은 이 시대의 마지막 시기에 준엄한 제목을 붙이셨다. 바로 이 시기를 '대환난의 시기'라고 부르셨다. 환난 (tribulation)이라고 번역된 단어는 '가혹한 고통, 고난' 그리고 '영혼 위에 놓여진 압박' 혹은 '무거운 짐'이라는 뜻을 가지고 있다. 이 시대의 마지막이 가까우면 가까울수록 인간들 위에 놓여지는 재앙적인 고통과 압박들은 증가할 것이다.

엄청난 압박

우리 시대에 가중되어지는 압박뿐만 아니라 정부와 학교 시스템과 법의 집행기관들은 무너져 내리는 도덕을 막을 의욕을 점점 상실해 가고 있다. 우리는 우리 사회의 엄청난 부분이 하나님을 향해 노골적으로 저항하고 반역하는 시대에 살고 있다. 시편 2편의 예언들이 우리 눈앞에서 성취되어지고 있다. 세상의 군왕들이 나서며, 관원들이 서로 꾀하여 여호와와 그 기름 부음 받은 자를 대적하고 있다. 그들은 "우리가 그들의 맨 것을 끊고 그의 결박을 벗어 버리자"라고 외치고 있다(시 2:2-3).

예수님은 이 시대에 경고를 주시면서 "불법이 성하므로 많은 사람의 사랑이 식어지리라"고 말씀하셨다(마 24:12). 당신이 이 증가하는 어두움의 세력에 대항하여 굽힘 없이 싸우고 있는 사람이라면 그 전투가 얼마나 강렬하고 여러 모양을 띠고 있는지를 알고 있을 것이다. 상처 입은 도시를 위해서 싸우고 있던지 혹은 낙태나 포르노나 자녀 학대와 같은 것을 위해 싸우고 있던지, 악과 싸워서 전진을 하기도 전에 다른 열 가지의 악한 것들이 쇄도해 들어오는 것을 느낄 것이다.

여러 도시들에서 일어나고 있는 돌파구들에도 불구하고 많은 그리스도인들이 지쳐 있다. 많은 사람들이 흉내만 내고 있고, 또 어떤 사람들은 이미 싸움을 중단해 버렸다. 다니엘은 적이 "지극히 높으신 이의 성도를 괴롭게 할" 때에 대해서 경고해 주었다(단 7:25). 우리가 살고 있는 이 시대에 승리자가 되기 위해서는 하나님이 우리를 위해 준비하신 그분의 요새를 발견해야 한다.

엘리야: 우리와 성정이 같은 사람

엘리야는 우리와 성정이 같은 사람으로서 우리의 것과 비슷한 영적 전투를 한 사람이었다. 이스라엘을 위한 전투에서 그는 이세벨과 아합의 간계들에 대항하여 일어났다. 하지만 그의 가장 강렬한 전투는 보이는 적에 대한 것이 아니라, 보이지 않는 자신의 낙심에 대한 것이었다.

엘리야는 그렇게 대담한 사람이었음에도 불구하고 숨을 곳을 찾아 이리저리 도망 다니는 삶을 살았다. 이세벨은 거의 모든 하나님의 선지자들을 죽여서 그들의 경건한 영향력을 바알과 아세라의 사제들을 따라다니는 어두운 사탄의 세력으로 대치해 버렸다. 하지만 새로운 일이 여호와 하나님으로부터 시작되었다. 엘리야와 바알 선지자들이 그들이 섬기는 신에게 제단을 쌓은 후, 불로 응답하는 신이 온 나라의 주로 인정받게 하는 것이었다. 아합 왕과 모든 이스라엘 사람들이 이 대결에 참가하였다.

바알 선지자들이 심하게 노력했음에도 불구하고 그들의 신으로부터 어떤 반응도 불러일으킬 수 없었다. 하지만 엘리야가 기도했을 때 즉시 그의 희생제물 위에 불이 내려왔다. 엘리야의 위대한 승리였다. 이스라엘 사람들은 이러한 하나님의 능력을 보았을 때에 땅에 엎드려 "여호와 그는 하나님이시로다 여호와 그는 하나님이시로다"라고 외쳤다(왕상 18:39).

하지만 하나님의 일은 끝나지 않았다. 바알 선지자들을 진멸한 후에 엘리야는 기도했고, 하나님은 3년 동안의 가뭄을 종결짓는 비를 내리셨다. 이 한 날에 불과 비가 하늘로부터 내려왔다. 이러한 두려운 일이 이스라엘의 역사상 또다시 일어났더라면 이 나라는 회개를 했을 것이다. 하지만 그날에 이스라엘은 회개하지 않았다. 바알 숭배는 끝나야 했다. 하지만 그것은 계속되어졌다. 사실 아무것도 변하지 않았다. 엘리야가 기대했던 부흥 대신에 정반대의 일이 일어났다. 분노한 이세벨이 엘리야를 죽이겠다고 다짐을 했고, 엘리야는 광야의 로뎀나무 아래에서 지쳐 낙심하며 앉아 있을 때까지 도망 다녔다. 거기에서 지친 이 선지자는 "여호와여 넉넉하오니 지금 내 생명을 거두시옵소서 나는 내 조상들보다 낫지 못하니이다" 하고 기도하였다(왕상 19:4).

엘리야는 하나님께 자신의 최선을 드렸었다. 그러나 그 이전의 다른 선지자들처럼 그는 북쪽 이스라엘에 부흥을 가져올 수 없었다. 그러자 낙심한 마음이 그를 뒤덮었다. 그는 충분히 할 만큼 했다. 당신도 혹시 "이제 넉넉하오니"라고 말한 적이 있는가? 그렇다면 당신은 아마도 당신의 가족이나 교회나 사회에 긍정적인 변화를 가져오지 못하는 자신의 무능력함에 대해 실망했을지도 모르겠다. 아마도 당신은 당신이 가진 모든 것을 드렸음에도 불구하고 긍정적인 결과를 얻지 못했을 것이다. 당신은 낙심하고 지친 엘리야처럼 죽고 싶었을지도 모른다. 당신은 "이제 넉넉하다! 나는 내가 할 수 있는 모든 것을 했다"라고 말했을지도 모른다.

엘리야는 모든 힘이 소진된 후에 누워 잠이 들었다. 그때 천사가 그를 만지며 다음과 같이 말했다. "일어나 먹으라." 그의 머리맡에 빵과 물이 있었다. 삶에 지친 엘리야는 음식을 먹고 다시 잠이 들었다.

천사가 다시 나타나서 어루만지며 말했다. "일어나 먹으라 네가 갈 길을 다 가지 못할까 하노라 하는지라"(왕상 19:7). 우리의 모든 비전과 계획과 프로그램들이 훌륭하다 할지라도 하나님의 뜻은 그가 공급해 주시는 힘 없이는 성취되어질 수 없다. 우리 앞에 놓여 있는 여정은 우리가 능히 감당하기에는 너무 힘든 것이다. 우리는 전능자의 만짐을 통해서만 새 힘을 얻을 수 있다.

처음으로 돌아가라

"이에 일어나 먹고 마시고 그 음식물의 힘을 의지하여 사십 주 사십 야를 가서 하나님의 산 호렙에 이르니라"(왕상 19:8). 하나님은 엘리야를 다시 전투지로 보내기 위해서가 아니라, 그를 기초로 되돌리기 위해서 힘을 주셨다.

하나님이 우리에게 주신 임무를 성취하려고 할 때 우리가 해오던 경건한 삶을 위한 훈련을 희생시킨다면, 우리의 삶은 곧 메마르고 황폐해질 것이다. 우리의 영혼을 회복시키시기 위하여 하나님은 우리를 믿음의 필수적인 요소들로 되돌아가게 하신다. 하나님은 우리의 가장 높은 목적이 우리나라를 구하는 것이 아니라, 그분에게 기쁨을 드리는 것이라고 상기시켜 주신다. 우리가 이러한 목표를 가지고 있지 않으면, 하나님의 임재에서 떨어져 나가게 될 것이다. 이것은 곧, 하나님의 요새 밖에 있는 것을 의미한다. 엘리야는 '하나님의 산, 호렙'으로 인도함을 받았다. 히브리어로 호렙은 '황폐함'을 의미한다. 그 메마른 환경이 엘리야가 처한 영혼의 상태를 반영해 주었다.

이번이 주께서 그의 종을 호렙으로 인도한 첫 번째 사건이 아니었다. 5세기 전에 이곳에서 하나님은 불타는 가시덤불 속에서 모세에게 나타나셨다. 모세는 자신의 타오르는 열망을 가지고 자기 백성을 애굽의 압제에서 해방시키려 했으나 실패하였다. 그 또한 호렙으로 도망하였다. 도망자로서 모세는 황폐한 곳에서 40년을 보냈던 것이다.

하나님이 모세를 호렙으로 데려오셨을 때에, 거기에는 두 가지 이유가 있었다. 하나는 자신을 그의 종에게 드러내기 위함이었고, 다른 또 하나는 하나님이 주시는 능력에만 기초하는 새로운 삶을 살게 하고자 함이었다. 모세의 눈에 호렙에서의 삶은 황폐한 시간들이었을 것이다. 하지만 하나님께 있어서 호렙은 새로운 시작을 위해 그의 종들을 준비시키는 장소였다. 모세를 만나신 하나님은 이제 그곳에서 엘리야를 만나실 것이다.

여기에 어떻게 도착하였는가

아마도 엘리야의 가장 큰 장점은 그의 열심이었을 것이다. 우리는 하나님과 그의 대화 속에서 두 번이나 엘리야가 하나님을 향해 "매우 열심을 내었다"고 이야기하는 것을 볼 수 있다. 하지만 지혜가 동반되지 않은 열심은 사실상 그 열심 자체가 우상이 된다. 그러한 것은 우리로 하여금 비현실적이고, 하나님의 시간표와 기름 부음 밖에 있는 것들을 기대하도록 몰아간다.

열심은 균형을 유지하기 위해서 살아 계신 하나님과의 전략적 만남에 의해서 제어되어야 한다. 그렇지 않으면 우리는 사람들로 인하여 실망하게 되고, 일의 무게로 인해 낙심하게 된다. 우리는 힘의 근원과 영적 보호구역에서 벗어나게 된다. 엘리야는 호렙에 와서, 거기에 있는 동굴 안으로 들어가 유하였다. 하나님의 말씀이 곧 그에게 임했다. "엘리야야 네가 어찌하여 여기에 있느냐"(왕상 19:9). 이것이 주님이 우리에게 하실 가장 중요한 질문 가운데 하나이다. 그분의 질문은 우리 영적 상태의 실체를 파헤치게 한다. 그분은 "나에 대한 너의 열심이 어떻게 메마르고 황폐한 것이 되었느냐?" 하고 묻고 계셨던 것이다. 우리가 하나님을 우리의 첫사랑으로 인정하는 것을 잊게 될 때, 하나님은 우리가 항상 우리를 기다리고 있는 광야를 발견하게 될 것이라는 사실을 알기 원하신다.

우리의 우선적인 목적은 그리스도 안에 거하는 것이어야 한다. 그렇지 않으면, 우리는 세상이 쇠퇴해 가는 상태에 따라 압도된 나머지 우리 자신의 영혼에서 일어나는 쇠퇴되는 현상을 보지 못하게 될 것이다. 하나님은 그분의 사랑으로 우리를 멈추시고, 우리의 삶을 되돌아보기를 요구하신다. 내가 지금 살아가고 있는 삶이 그리스도로부터 나에게 약속되어진 풍성한 삶인가?

우리는 호렙에서 정직해질 수 있다. 우리는 증명할 것도 없고, 무엇인가 가장할 필요도 없다. 여기 호렙에서 내적 방어기제와 교만이 무너져 내린다. 우리가 실망한 상태라면 자유롭게 그 실망감을 표현할 수 있다. 낙심한 상태라면 그것을 시인할 수 있다. 우리는 우리의 정확한 영적 상태를 합리화하지 않고 단순하면서 진실되게 평가해야만 한다. 우리가 벌거벗은 채로 연약해져 있을 때 하나님의 임재가 우리의 마음속으로 밀려든다. 하나님과의 친밀함이 우리가 소홀히 해왔던 바로 그것이 아닌가? 그리고 주님만이 전투에서 우리를 지원해 주는 힘의 근원이 아닌가? 사탄이 우리가 하나님과만 보내는 시간을 갖지 못하도록 우리의 주의를 돌릴 수 있다면, 그는 우리가 전투에서 승리할 수 있도록 하나님이 주시는 힘과 도움으로부터 우리를 또한 벗어나게 할 것이다.

우리들 중 어떤 사람들은 예수님과 동행하는 삶 없이 하나님의 뜻을 성취하려고 최선을 다해 노력하고 있다. 예루살렘에서의 유월절 후(눅 2:41-49 참고)에 있었던 요셉과 마리아의 이야기를 상기해 보라. 그들은 어린 예수가 자기들과 함께 있다고 가정한 채로 집을 향해 가고 있었다. 하지만 예수님은 그들과 함께하지 않았고, 그들의 친척들과도 함께하지 않았다. 3일 후에 그들은 예수를 성전에서 발견하였다. 이와 같이, 우리들 중 많은 사람들은 우리 자신의 전투에 힘을 너무 소진한 나머지 예수님의 임재를 더 이상 인식하지 못하고 있다. 우리는 우리 자신의 힘으로 여행을 해왔던 것이다.

이 시대의 압력들과 전투가 계속 증가되고 있다. 우리는 곧 어제의 기름 부음이 오늘의 전투를 위해 충분치 않다는 것을 발견할 것이다. 다음 장에서, 우리는 이 거룩한 산에서 하나님이 어떻게 엘리야의 삶에 새로운 삶의 시작을 가져다주셨는지를 볼 것이다. 그 새로운 시작으로 인하여 엘리야는 결국 자신의 후계자 엘리사에게 '갑절'의 능력을 전해 줄 수 있었다. 이러한 새로운 기름 부음 하에서 이세벨은 몰락하고, 바알 숭배는 없어지며, 북쪽 이스라엘에서 유일하게 경험되어진 부흥이 시작될 것이다.

우리 자신의 삶에서 돌파구를 가져다주는 이와 똑같은 장소에 이르기 위해서 우리는 우리 자신의 호렙을 통과해야 할 것이다. 여기에서 하나님은 우리를 단순한 삶과 순수하게 헌신하는 삶(고후 11:1-3)으로 이끄실 것이다. 메마름의 시간처럼 보이는 것이 사실은 진정한 준비의 시간이 될 것이다. 엄청난 부흥이 우리 땅에 임하고 있다! 하나님은 곧 당신의 삶에 새로운 삶의 시작을 이루실 것이다. 당신이 전투에 다시 임하게 될 때 당신은 하나님의 요새 안에서 전투를 치르게 될 것이다.

주 예수님, 당신을 떠나서는 제 삶이 메마르고 무의미합니다. 당신의 임재 안에 거함 없이 당신의 뜻을 행하려 했던 저를 용서해 주옵소서. 저는 주님 당신을 진정으로 갈망합니다. 오늘 저는 다시 첫사랑을 회복하기 원합니다. 주님, 제가 당신과의 친밀함을 제 성공의 가장 큰 척도로 여길 수 있도록 인도해 주옵소서. 주님의 영광을 저에게 보여 주옵소서. 당신의 선하심을 저에게 계시해 주옵소서. 성령님! 저를 그리스도의 임재 안으로 인도하소서. 예수 그리스도의 이름으로 기도합니다. 아멘.

THE STRONGHOLD OF GOD

2장 하나님의 방법들에 대한 지식

> 하나님께로부터 난 자는
> 다 범죄하지 아니하는 줄을 우리가 아노라
> 하나님께로부터 나신 자가 그를 지키시매
> 악한 자가 그를 만지지도 못하느니라.
>
> 요한일서 5:18

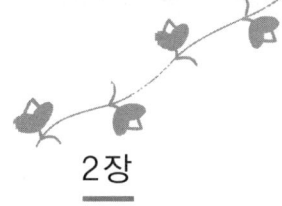

2장
하나님의 방법들에 대한 지식

호렙산은 겉으로 보이는 것과 완전히 딴판이었다. 그것은 가까이하고 싶지 않고, 척박해 보이는 산이었다. 그렇지만 실상은 우리의 인생에서 메마른 영혼이 하나님의 임재를 발견할 수 있는 곳을 상징한다. 엘리야와 모세 두 사람은 하나님과의 새로운 만남을 이 산에서 갖게 되었다. 주님은 그 두 사람을 황량하고 메마른 환경에 둘러싸여 있게 함으로써 그의 종들로 하여금 오직 한 분, 하나님에게만 초점을 맞추게 하셨다.

호렙에서의 경험은 하나님이 우리의 메마른 시간들을 조정하시며, 더 큰 영광을 위해 우리를 준비시키기 위해 그것들을 사용하신다는 것을 우리에게 가르쳐 준다. 우리의 메마름으로부터 하나님에 대한 새로운 의존이 싹트게 되며, 이 새로운 의존으로부터 새로운 임무와 배가된 능력이 나타난다.

모세가 "내가 참으로 주의 목전에 은총을 입었사오면 원하건대 주의 길을 내게 보이사 내게 주를 알리시고 나로 주의 목전에 은총을 입게 하시며 이 족속을 주의 백성으로 여기소서"(출 33:13)라고 기도한 것은 여기 호렙 근처의 바위틈에서였다. 그리고 그 응답으로 "여호와께서 이르시되 내가 친히 가리라 내가 너를 쉬게 하리라"(14절)고 약속하셨다.

우리가 그분의 방법들에 대해 무지한 상태에 있다면 우리는 하나님을 진정으로 안다고 말할 수 없다. 어떤 사람의 방법들을 알게 되면 그의 삶에 다가오는 축복과 도전들에 그 사람이 어떻게 반응하는가 하는 것뿐만 아니라, 그 마음의 동기들까지 알게 된다. 모세는 가능한 가장 깊은 친밀함 속에서 하나님을 알았다. 그는 하나님의 방법들을 알고 있었다.

성경은 하나님이 이스라엘 자손들에게 자신의 행위들을 계시해 주었다고 말하지만, 하나님은 그의 방법들을 모세에게 알리셨다(시 103:7). 하나님의 방법들을 알면 그의 마음의 동기들을 알게 되고, 그분이 열망하는 비밀들에 친숙해진다. 하나님의 방법들을 알면 우리는 그의 사랑의 단호함에 놀라고, 낮은 자들에게 끌리시는 그분의 성품에 의하여 낮아지고 싶어질 것이다.

하나님은 모세에게 "내가 너와 함께 가리라"고 약속하셨다. 하나님의 임재가 우리의 활동에 동반되어질 때에, 우리가 한때 걱정하면서 인간적인 계획을 세우는 데 쓰던 모든 에너지들이 회수되어진다. 그러면 우리는 그 에너지들을 가지고 하나님을 찬양하고 섬기는 일들을 효과적으로 감당할 수 있게 된다.

주님과 동행하는 삶의 결과는 그분의 다음 약속인 "내가 너희를 쉬게 하리라"는 말씀 안에 있다. 하나님의 쉼 안으로 들어가는 것

은 우리가 소극적이 되었다는 것을 의미하는 것이 아니라, 하나님
이 적극적이 되셨다는 것을 의미하는 것이다. 그래서 예수님은 "수
고하고 무거운 짐 진 자들아 다 내게로 오라 내가 너희를 너를 쉬
게 하리라"(마 11:28)고 외치셨던 것이다. 오늘날 수고하고 무거운
짐을 지고 있는 교회들이 얼마나 주님께로 되돌아가고, 하나님의
쉼 안으로 들어가는 것이 필요한가! 그리스도의 멍에를 메면, 우리
짐의 무게들은 그의 힘과 능력의 광대함으로 전도되어진다. 그분
은 우리에게 우리의 약함을 위한 지칠 줄 모르는 근원이 된다. 그
분은 우리의 무지함을 위한 확실한 지혜가 되신다. 쉼의 장소에서
그리스도는 은혜와 축복을 위한 끊임없는 생명 샘이 되신다. 우리
는 우리의 무거운 짐을 벗고, 우리의 생각과 전통으로부터 자유함
을 입어서 다함이 없는 그분의 힘으로 그를 섬길 수 있게 된다.

하나님은 항상 우리 손의 활동보다 우리 마음의 상태에 더 큰
관심을 가지고 계신다. 우리가 그분에게 어떤 사람이 되는가 하는
것이 우리가 그를 위해 하는 모든 것보다 훨씬 더 중대한 것이다.
그분은 우리의 사랑과 우정을 원하신다. 성경은 "너희는 하나님이
우리 속에 거하게 하신 성령이 시기하기까지 사모한다 하신 말씀
을 헛된 줄로 생각하느냐"(약 4:5)라고 기록하고 있다. 따라서 일에
대한 우리의 헌신이 그분에 대한 우리의 헌신을 넘어서면, 그분은
우리의 개인적인 성공을 가로막을 것이다. 열심은 있지만 기름 부
음이 없는 일들로부터 하나님이 우리를 구하시는 것은 그의 사랑
때문이다. 그분은 우리의 힘을 의도적으로 메마르게 하신다. 주님

은 우리의 성공은 우리의 힘으로부터 나오는 것이 아니라, 그분과의 연합을 통해서 나온다고 주장하신다. 메마르고, 부서지며, 실망스러운 그러한 우리의 시간들은 그분의 손안에서 하나의 도구가 된다. 주님은 우리 안에서 그분의 힘을 더 깊이 의존할 수 있도록 역사하시는 것이다.

호렙에서 하나님과 홀로 있었던 모세는 "주의 영광을 내게 보이소서"(출 33:18)라고 기도했다. 주님은 "내가 내 모든 선한 것을 네 앞으로 지나가게 하고"(19절)라고 반응하셨다. 그리스도의 찬란한 영광의 중심에는 어떤 것과도 비교할 수 없는 그분의 선하심이 있다. 우리의 호렙은 우리의 실패의식에도 불구하고 하나님이 자기의 선하심을 우리에게 보이시는 바로 그 장소가 된다. 하나님의 선하심에 대한 지식을 개인적으로 회복하는 것이 엘리야에게는 꼭 필요한 것이었다. 물론 그것은 우리에게도 마찬가지이다.

물러남의 동굴

최선을 다했지만, 여전히 부족함을 경험하는 것은 정말이지 엄청난 아픔을 당신에게 줄 수 있을 것이다. 엘리야는 하나님의 백성들 안에 부흥을 일으킬 수 없는 자신의 무능력으로 낙심한 상태에 있었다. 그는 이세벨을 피하여 남쪽으로 거의 200마일이나 되는 거리를 도망하여 호렙에 이르렀다. 그는 이 산에 있는 동굴 안에 거하였다.

성경은 "소망이 더디 이루어지면 그것이 마음을 상하게 하거니와"(잠 13:12)라고 기록한다. 엘리야는 부흥이 이스라엘에 임할 것이라는 소망을 잃었다. 희망을 잃을 때 우리는 동시에 믿음도 잃게 된다. 왜냐하면 믿음은 우리가 희망하는 것들의 본체이기 때문이다. 희망이나 믿음이 없으면, 우리가 가진 모든 것은 공허한 종교가 되어 버린다.

우리가 실망하고 낙심하여 마음 아파할 때에 우리는 또한 균형 감각을 잃게 된다. 우리는 결과들에 책임이 있다고 느낀다. 성령님과의 동역 없이는 아무도 다른 사람의 마음(한 나라나 도시는 제쳐 두고라도)을 변화시킬 수 없다는 것을 기억해야 한다.

엘리야가 낙심한 가장 큰 이유는 자신이 스스로에게 부여한 잘못된 기대 때문이었다. 하나님으로부터 임무를 부여받을 때, 그 결과들을 즉시 상상하기 시작하는 것은 어려운 일이 아니다. 우리는 성공과 성취의 자리에 앉아 있는 자신의 모습을 너무 일찍 상상하기 시작한다. 하지만 우리는 하나님께 순종한다는 것 외에 결과가 어떠할 것이라는 것을 알지 못한다. 우리는 성취의 여부를 "우리 가운데서 역사하시는 능력대로 우리가 구하거나 생각하는 모든 것에 더 넘치도록 능히 하실 이"(엡 3:20)의 손에 맡겨야 한다.

엘리야는 호렙에 있는 동굴 안으로 물러났다. 우리들에게 있어서 자기 연민은 또한 영적 동굴이 되어질 수 있다. 그것은 우리를 외로움과 고통이라는 어두운 구덩이 안에 가둘 수 있다. 이 외로움의 장소에서 우리는 하나님이 주시는 격려의 음성을 들을 수 없다.

우리가 정말로 듣는 것은 우리의 문제들을 확대시키고 왜곡시키는 우리 자신의 목소리이다.

엘리야는 외로웠고, 절망적이었지만, 하나님은 그의 마음을 아셨다. 하나님은 "여기에서 무엇을 하고 있느냐?"라고 물으셨다.

> 그가 대답하되 내가 만군의 하나님 여호와께 열심이 유별하오니 이는 이스라엘 자손이 주의 언약을 버리고 주의 제단을 헐며 칼로 주의 선지자들을 죽였음이오며 오직 나만 남았거늘 그들이 내 생명을 찾아 빼앗으려 하나이다(왕상 19:10).

엘리야는 자기 나라가 각성하는 모습을 간절히 보기 원했었다. 하지만 그는 하나님이 그로 하여금 감당하게 할 역할을 이해하지 못했다. 아마도 엘리야의 가장 큰 실수는 자신이 이스라엘의 부흥이라는 부담을 스스로 지려고 한 부분 같다. 자신의 위치를 모른 채 스스로 하나님의 자리를 취했던 것이다.

하나님은 엘리야에게 동굴에서 나오라고 부르시면서 "나가서 여호와 앞에서 산에 서라"고 말씀하셨다. 엘리야가 어두운 동굴로부터 걸음을 내딛고 있을 때에 아주 멋진 사건이 일어났다.

> 여호와께서 이르시되 너는 나가서 여호와 앞에서 산에 서라 하시더니 여호와께서 지나가시는데 여호와 앞에 크고 강한 바람이 산을 가르고 바위를 부수나 바람 가운데에 여호와께서 계시지 아니하며

바람 후에 지진이 있으나 지진 가운데에도 여호와께서 계시지 아니하며 또 지진 후에 불이 있으나 불 가운데에도 여호와께서 계시지 아니하더니 불 후에 세미한 소리가 있는지라(왕상 19:11-12).

하나님의 새로운 계시

우리를 새로운 권위와 축복으로 인도하기 위해서 하나님이 우리 과거의 경험들로부터 우리를 해방시켜야만 하는 때가 있다. 하나님은 지나가시는데, 바람 가운데에도, 지진 가운데에도, 불 가운데에도 계시지 아니하였다. 사실, 이러한 것들은 엘리야에게 익숙한 것들이었다. 이러한 웅장한 일들을 일으키셨던 하나님이 그 속에 계시지 않았다.

엘리야에게 있어서, 그러한 웅장한 표시들은 하나님이 인정하신다는 표적들이었다. 하지만 살아 계신 하나님께 신선한 복종을 요구하는 새로운 어떤 것이 가까이에 있었다. 갑절의 능력이 오고 있었다! 이러한 새로운 기름 부음의 독특한 특징이 초자연적 징후들뿐 아니라, 더 커다란 지혜와 자비 안에서 보여질 것이다.

엘리야를 따라다녔던 지진과 불과 폭풍과 같은 것들은 또한 우리 시대의 현상들이기도 하다. 하지만 갑절의 능력 안으로 들어가기 위해서 우리는 우리의 관심을 사로잡는 '지진'이나 '폭풍'이 없을 때에도 하나님의 근접성을 인식하는 것을 배워야 한다. 하나님은 우리가 그분과의 더 심화된 관계 안으로 들어오기를 원하신다. 이러한 심화된 관계는 단지 영적인 현상들이나 우리 시대의 문제들에 기초한 것이 아니라, 그의 사랑과 말씀의 속삭임에 기초한 것이다.

마지막 현상 후에, "세미한 소리(속삭임)"가 있었다(12절). 엘리야는 이 거룩한 고요함을 인식했다. 하나님의 임재가 돌아오고 있었다. 엘리야는 하나님을 바라보지 않기 위해서 겉옷으로 얼굴을 가렸다(13절). 아마도 500년 전에 하나님이 지나가실 때에 모세가 숨었던 곳이 이 근처가 아닌가 싶다. 이제 엘리야의 차례였다. 하나님이 이 영원한 침묵 안으로 들어오고 있었다.

우리 또한 우리 귀로 들을 수 있도록 좀처럼 말씀하시지 않는 분의 음성을 듣는 방법과 보이지 않는 분의 움직임들을 관찰하는 방법들을 배워야 한다. 엘리야는 모세가 바로의 분노를 직면한 것과 똑같은 식으로 이세벨의 저주를 이겨낼 용기를 얻게 되었다. 모세는 '보이지 아니하는 자를 보는 것 같이 하여 참았다'(히 11:27). 우리는 큰 표적들 없이도 하나님의 세미하고도 작은 음성을 듣는 법을 배워야 한다.

그분은 우리의 주의를 끌기 위해서 분투하지 않을 것이다. 우리가 그분을 찾아야 한다. 그분은 우리를 깜짝 놀라게 하지 않을 것이다. 우리가 그분을 지각해야 한다. 지진이나 불이나 폭풍을 '분별하기' 위해서는 특별한 기교가 필요하지 않다. 하지만 하나님의 거룩한 고요함을 의식하기 위해서는 우리의 다른 활동들을 멈추어야 한다. 압박감이 심하고 계속해서 우리를 산만하게 하는 일들이 많은 이 세상 속에서, 우리의 마음은 하나님의 영이 거하시는 보이지 않는 세상으로 올라가야 한다. 우리는 보이지 않는 분을 보는 법을 배워야 한다.

새로운 시작

엘리야의 마음이 잠잠해졌을 때 하나님은 그의 선하신 형상으로 엘리야에게 다가오셔서 그가 이 전투를 홀로 하고 있지 않다는 것을 확인시켜 주셨다. 바알에게 무릎을 꿇지 아니한 자가 아직 7천 명이나 남아 있었다. 그 다음에, 새로운 위임 명령이 떨어졌다. 하나님은 하사엘을 시리아의 왕으로 기름 부으며, 예후를 이스라엘의 왕으로 기름 부으라고 엘리야에게 명령하셨다. 그는 또한 그의 후계자가 될 엘리사를 훈련시켜야만 했다(왕상 19:15-16). 호렙에서 하나님은 "갑절이나 되는" 영감을 수여하셨다. 하나님이 새로운 기름 부음을 엘리야에게 주셨지만, 그 안에서 일을 행할 이는 엘리사였다. 엘리사는 엘리야보다 두 배나 많은 기적들을 행할 것이었다(왕하 2:9-14). 어떤 다른 구약의 선지자들보다 엘리사가 행한 일이 그리스도가 행한 일들과 가장 비슷하였다.

엘리야는 국가적 회복을 일으키지는 못했지만, 엘리사를 위한 길을 준비했고, 엘리사는 북쪽 지파들이 경험한 것으로써 부흥에 가장 가까운 일을 일으켰다. 이 호렙산의 경험을 통하여 엘리야는 하나님 안에서의 자기 위치에 대해 커다란 이해를 얻게 되었다. 그의 소명은 무엇인가를 세우는 것이 아니라, '앞서 가서' 더 위대한 일들이 오는 길을 예비하는 것이었다.

사실, 엘리야는 '그 길을 예비하는 일'에 매우 성공적이어서, 그의 영적 기름 부음이 그리스도의 오심을 예비하는 사자(messenger)의 일을 감당했던 세례 요한에게 부어졌다. 엘리야는 또한 그리스도의 재림을 위한 길을 예비하기로 되어 있다(말 4:5-6; 마 17:11).

이 시대의 마지막에 우리에게 주신 하나님의 약속은 우리도 '갑절'을 받을 것이라는 사실이다(사 61:7; 요 14:12). 이것은 주님이 우리가 전에 결코 알지 못했던 영광 안에서 우리에게 자신을 계시하신다는 사실을 의미한다. 당신이 지금 메마른 시기를 통과하고 있다 해도 절망하지 말라. 사실, 하나님과 함께하는 우리의 메마른 시간들은 능력과 섬김의 새로운 시작을 위한 준비 기간일 뿐이다. 우리의 임무는 조용히 그리스도가 하나님이라는 사실을 아는 것이다. 그분이 그의 모든 적들을 무찌를 것이며, 온 땅에서 높임을 받으실 것이다. 그분 안에 하나님의 요새가 있다.

오 주님! 우리는 얼마나 쉽게 죽은 종교적 습관들에 빠지며, 영적으로 무감각해지는지요. 주님! 우리가 당신의 방법들을 알기를 갈망합니다. 제가 정말로 볼 수 있는 눈과, 분명히 들을 수 있는 귀를 주옵소서. 예수님, 저에게 하나님과의 친밀함에 대해 가르쳐 주옵소서. 당신을 둘러싼 수수께끼와 같은 것들을 제거하사 저로 하여금 당신을 참으로 알게 하소서. 당신의 음성을 듣는 대신에, 표적들을 찾았던 제 모습을 용서하소서. 하나님! 저는 모세처럼 당신을 진정으로 알기 원하며, 당신의 영광 안에 거하기를 갈망합니다. 하나님! 당신이 약속하셨던 갑절의 영감을 당신의 교회들에 회복시켜 주옵소서. 그리고 하나님의 능력의 풍성함으로 우리를 인도하소서. 예수님의 이름으로 기도합니다. 아멘.

THE STRONGHOLD OF GOD

3장 하나님의 처소

내가 산을 향하여 눈을 들리라 나의 도움이 어디서 올까
나의 도움은 천지를 지으신 여호와에게서로다
여호와께서 너를 실족하지 아니하게 하시며
너를 지키시는 이가 졸지 아니하시리로다
이스라엘을 지키시는 이는 졸지도 아니하시고
주무시지도 아니하시리로다
여호와는 너를 지키시는 이시라
여호와께서 네 오른쪽에서 네 그늘이 되시나니
낮의 해가 너를 상하게 하지 아니하며
밤의 달도 너를 해치지 아니하리로다
여호와께서 너를 지켜 모든 환난을 면하게 하시며
또 네 영혼을 지키시리로다
여호와께서 너의 출입을 지금부터 영원까지 지키시리로다.

시편 121편

3장
하나님의 처소

우리 믿는 자들을 악의 공격들로부터 보호해 주는 도피성이 있는데, 그곳은 바로 그리스도 안에 있는 영적 요새이다. 악한 자들의 맹렬한 공격에도 불구하고 이 하나님의 요새 안에 거하는 사람들은 상하지 않을 것이다. 여기에서, 전능하신 아버지와 함께하는 우리는 참소하는 자의 영향권 밖에 있게 된다. 우리는 파괴자로부터 보호를 받고 있는 것이다.

사전은 면책이라는 단어를 '처벌, 부담, 의무 혹은 악으로부터의 자유나 면제'로 정의하고 있다. 이것이 살아 계신 하나님이 그의 자녀들이 걸어가기를 원하시는 방법이다. 하나님은 우리가 죄의 형벌과 부담으로부터 자유를 얻은 삶을 살기 원하신다. 원칙주의적인 종교의 의무로부터 해방받은 삶, 그리고 악한 자들의 공격으로부터 보호를 받고 승리하는 삶을 살아가기를 원하신다.

성경을 자세히 들여다보라. 당신은 하나님의 사랑스러운 보호에 대한 수백 가지의 예들을 발견할 것이다. 하나님이 죄로 가득 찬 이스라엘을 향하여 자신에게로 돌아오라고 간청했을 때마다,

하나님은 그들이 자신의 보호구역 안으로 돌아오기를 촉구한 것이었다. 이스라엘이 올바르게 반응했을 때마다, 그들은 하나님의 요새 안에서 다시 안전함을 얻게 되었다. 성경은 "여호와께서 그를 황무지에서, 짐승이 부르짖는 광야에서 만나시고 호위하시며 보호하시며 자기의 눈동자같이 지키셨도다"(신 32:10)라고 기록하고 있다.

아버지의 보호

하나님은 우리의 창조자일 뿐 아니라, 또한 우리의 아버지이시다. 그렇기 때문에 그분이 그의 자녀들을 보호되지 않은 채로 남겨 둘 것이라는 것은 상상할 수 없는 일이다. 마태복음 6장 8절에서 우리 아버지는 우리가 요청하기 전에 미리 우리의 필요를 아신다고 예수님이 말씀하셨다. 심지어 타락한 세상 속에 사는 우리도 우리 자녀들의 필요를 채워 주려 한다면, 완전함 속에 거하시는 하나님 아버지는 얼마나 더 그의 자녀들을 안전하게 보호하려 하겠는가!

성경은 다음과 같이 증거한다. "그의 신기한 능력으로 생명과 경건에 속한 모든 것을 우리에게 주셨으니 이는 자기의 영광과 덕으로써 우리를 부르신 이를 앎으로 말미암음이라"(벧후 1:3). 우리가 전능자에 대한 참 지식을 많이 소유하면 할수록, 그가 공급하시는 것들을 우리가 그만큼 더 많이 받을 수 있게 된다. 그분이 우리에게 무엇을 주셨는가? 그분은 우리가 거할 수 있는 장소를 주셨는데, 거기에서는 생명과 경건에 속한 것, 우리에게 필요한 모든 것이 있다. 그곳은 하늘에 속한 모든 신령한 축복이 그리스도 안에서 우리의 것이 되는 장소이다(엡 1:3).

다윗은 이 요새에 대해서 알고 있었다. "여호와는 나의 반석이시요 나의 요새시요 나를 건지시는 이시요 나의 하나님이시요 내가 그 안에 피할 나의 바위시요 나의 방패시요 나의 구원의 뿔이시요 나의 산성이시로다"(시 18:2).

하나님을 두려워하는 자들에 대해서 언급하면서 다윗은 다음과 같이 말했다. "주께서 그들을 주의 은밀한 곳에 숨기사 사람의 꾀에서 벗어나게 하시고 비밀히 장막에 감추사 말다툼에서 면하게 하시리이다"(시 31:20). 그리고 다시 이렇게 고백한다. "주는 나의 은신처이오니 환난에서 나를 보호하시고 구원의 노래로 나를 두르시리이다 (셀라)"(시 32:7).

다윗은 자신의 삶을 통하여, 살아 계신 하나님을 영적 요새이며 말다툼에서 면하게 하는 안전한 장소로 인식하며 신뢰하게 되었다. 다윗 왕은 하나님의 임재 안에 있는 이 특별한 장소에 매우 익숙해져 있었다. 다윗의 영혼이 안전하게 보호받는 곳은 바로 이 하나님의 요새 안에서였다.

그리스도를 따르는 사람들을 위하여

이 요새는 선지자들과 경건한 왕들만을 위한 특별한 장소가 아니었다. 그리스도가 부활하신 날부터 천성으로 들어가는 입구가 메시아를 따르는 모든 사람들에게 열려 있었다. 그리스도께서 우리를 그의 생명 안에 잠기게 하는 이 장소를 발견하는 것은 이 책의 중요한 주제일 뿐 아니라, 우리 존재의 목적인 것이다!

어떻게 우리가 이 영적인 장소를 발견할 수 있을까? 우리는 단순히 예수님을 사랑하기만 하면 된다. 그분은 이렇게 말씀하신다. "나의 계명을 지키는 자라야 나를 사랑하는 자니 나를 사랑하는 자는 내 아버지께 사랑을 받을 것이요 나도 그를 사랑하여 그에게 나를 나타내리라"(요 14:21). 우리가 사랑과 순종으로 인내하면 예수님은 자신을 우리에게 점진적으로 나타내시겠다고 약속하셨다.

예수님의 약속의 크기를 곰곰이 생각해 보라. 예수님은 계속해서 다음과 같이 말씀하셨다. "사람이 나를 사랑하면 내 말을 지키리니 내 아버지께서 그를 사랑하실 것이요 우리가 그에게 가서 거처를 그와 함께하리라"(요 14:23).

이렇게 우리 마음속에 전개되어지는 예수 그리스도의 계시가 하나님의 거처로 나아가는 길이다. 하나님의 요새는 가장 높으신 분이 거하시는 곳이다.

다음 장에서 우리는 영적 보호의 다양한 차원들을 살펴볼 것이다. 우리는 그의 임재 안에서 보호받는 사람들을 위해 하나님이 가지고 계신 능력을 살펴볼 것이다. 지금의 단계에서, 당신이 당신의 삶을 그리스도께 드렸고 그를 따르고자 하는 진실된 열망을 가지고 있다면, 하나님의 요새가 당신을 기다리고 있다는 것을 아는 것으로 충분하다.

주님, 시편 기자처럼 저도 주님 앞에서 부르짖습니다. "제가 언제나 살아 계신 하나님의 궁정에 들어갈까요?" 당신은 우리의 아버지이십니다. 당신의 자녀들인 우리에게서 당신을 숨기지 마옵소서. 우리를 당신의 무릎 위에 앉히소서! 우리를 당신의 품에 품으소서. 당신이 정말로 우리 가까이 계시다는 것을 당신의 충만한 영으로 확신시켜 주소서. 주께 감사를 드리며 예수님의 이름으로 기도합니다. 아멘.

THE STRONGHOLD OF GOD

4장 하나님의 경계

지존자의 은밀한 곳에 거주하며
전능자의 그늘 아래에 사는 자여,
나는 여호와를 향하여 말하기를 그는 나의 피난처요
나의 요새요 내가 의뢰하는 하나님이라 하리니
이는 그가 너를 새 사냥꾼의 올무에서와
심한 전염병에서 건지실 것임이로다
그가 너를 그의 깃으로 덮으시리니
네가 그의 날개 아래에 피하리로다
그의 진실함은 방패와 손 방패가 되시나니
너는 밤에 찾아오는 공포와 낮에 날아드는 화살과
어두울 때 퍼지는 전염병과 밝을 때 닥쳐오는 재앙을
두려워하지 아니하리로다
천 명이 네 왼쪽에서, 만 명이 네 오른쪽에서 엎드러지나
이 재앙이 네게 가까이 하지 못하리로다.

시편 91:1-7

4장
하나님의 경계

하나님은 쉬지 않고 우리의 삶을 지켜보고 계신다. 우리가 잉태된 순간부터 죽는 그 시간까지, 주님은 이 땅에서 전개되는 우리의 여정을 보호하시고 인도하신다. 시편 기자는 이러한 하나님의 경계를 잘 알고 있었다. 그는 이것을 다음과 같이 기록한다.

여호와여 주께서 나를 살펴보셨으므로 나를 아시나이다 주께서 내가 앉고 일어섬을 아시고 멀리서도 나의 생각을 밝히 아시오며 나의 모든 길과 내가 눕는 것을 살펴보셨으므로 나의 모든 행위를 익히 아시오니 여호와여 내 혀의 말을 알지 못하시는 것이 하나도 없으시니이다 주께서 나의 앞뒤를 둘러싸시고 내게 안수하셨나이다 (시 139:1-5).

우리를 지키시는 하나님

주님은 우리가 말하지 않아도 우리의 생각을 아시며, 우리가 움직이기 전에 우리의 동기를 아시는 분이시다. 그분은 우리의 모든 것을 아신다. 하나님은 성령으로 우리를 인치셨다. 거듭난 순간부터 우리는 그리스도로 옷 입게 되었다(갈 3:27). 우리는 그분의 것이다. 그분이 피값으로 우리를 샀기 때문에 우리는 그분의 소유물이다. 따라서 그분은 우리를 쉽게 내주지 않으실 것이다.

그날에 너희는 아름다운 포도원을 두고 노래를 부를지어다 나 여호와는 포도원지기가 됨이여 때때로 물을 주며 밤낮으로 간수하여 아무든지 이를 해치지 못하게 하리로다(사 27:2-3).

심지어 우리가 그분의 임재를 느끼지 못할 때에도, 그분은 우리를 바라보시면서 일하시고 계시며, 그분에게로 우리를 인도하고 계신다. 우리가 그분에게로 이끌린 것은 우리 안에서 그분이 일하셨기 때문이다. 자신의 형상을 좇아 우리를 새롭게 하고자 하는 그분의 일이 남아 있다. 이것이 그분의 최우선적인 사항이다. 그분은 '밤낮으로' 자기의 작품을 지키신다.

시편 기자는 하나님의 보호에 대한 자신의 경험을 살려 다음과 같이 기록한다.

내가 산을 향하여 눈을 들리라 나의 도움이 어디서 올까 나의 도움은 천지를 지으신 여호와에게서로다 여호와께서 너를 실족하지 아니하게 하시며 너를 지키시는 이가 졸지 아니하시리로다 이스라엘

을 지키시는 이는 졸지도 아니하시고 주무시지도 아니하시리로다
(시 121:1-4).

하나님은 심지어 우리가 넘어지지도 않게 하실 것이다. 왜냐하면 하나님이 우리를 끊임없이 지켜보시기 때문이다. 그분은 우리의 길을 우리를 위해 예비해 두신 요새로 에워싸신다.

우리의 모든 길을 지키심

'지키다'(Keep)라는 말은 '가져서 자기의 통제나 소유로 유지하는 것'으로 정의된다. 하나님에 의해서 지켜진다는 것은 그의 통제 아래에서 보호되며, 그의 소유로서 안전하게 되는 것을 의미한다. 하지만 우리의 마음이 예수님의 마음으로 흠뻑 적셔지는 정도까지 우리 마음의 영이 온전히 새롭게 되어질 때까지는(고전 2:16; 빌 2:5), 우리의 생각이 항상 하나님의 생각은 아니며, 우리의 방법이 항상 하나님의 방법은 아니다. 따라서 예수님은 아버지가 우리를 악한 자들에게서 지켜 주시도록 기도했다(요 17:15). 예수님의 기도에 응답하여, 아버지 하나님은 그의 천사들을 보내어 우리의 모든 길에서 우리를 지키도록 명하셨다(시 91:11; 히 1:13-14).

하지만 우리는 우리에게 친구와 같은 천사들이 함께하고 있다는 것과, 그들이 우리를 위해 하고 있는 일들을 인식해 오지 못했다. 우리는 하나님이 공급하시는 것을 인식하기보다는 환경에 의

해 훨씬 위협을 받았던 엘리사의 종과 같이 살아왔다.

> 하나님의 사람의 사환이 일찍이 일어나서 나가 보니 군사와 말과 병거가 성읍을 에워쌌는지라 그의 사환이 엘리사에게 말하되 아아, 내 주여 우리가 어찌하리이까 하니 대답하되 두려워하지 말라 우리와 함께한 자가 그들과 함께한 자보다 많으니라 하고 기도하여 이르되 여호와여 원하건대 그의 눈을 열어서 보게 하옵소서 하니 여호와께서 그 청년의 눈을 여시매 그가 보니 불말과 불병거가 산에 가득하여 엘리사를 둘렀더라 (왕하 6:15-17).

하나님의 천사들이 엘리사를 둘렀던 것과 같이 당신을 지키고 있는 천사들이 있다. 그들은 심지어 당신이 그리스도에게 나오기 전에도 당신 옆에서 당신을 보호하고 있었다. 당신을 지키는 하나님의 천사들이 없었다면, 당신이 위험한 죽음의 순간을 맞이하였을 경우들이 수없이 많았을지도 모른다. 정말이지 하나님의 천사들이 당신으로 하여금 역경과 비극을 통과할 수 있도록 힘을 주었던 여러 어려운 순간들이 있었다. 그때 당신은 "내가 어떻게 이겨낼 수 있었지?" 하고 의아해했을 것이다. 하나님이 천사들을 당신에게 보내 주셨기 때문에 당신이 사탄의 올무에서 벗어날 수 있었다. 그들은 당신이 역경에 처했을 때 당신을 강하게 해 주었다.

심지어 예수님도 천사들의 도움을 필요로 했던 때가 있었다. 예수님이 광야에서의 극심한 영적 전투를 치르신 후에 일어난 일에 대해 성경은 다음과 같이 말하고 있다. "이에 마귀는 예수를 떠나고 천사들이 나아와서 수종 드니라"(마 4:11). 예수님이 땀이 핏방울 같이 되도록 기도하는 동안, "천사가 하늘로부터 예수께 나타나 힘을 더하더라"(눅 22:43)라고 성경은 기록하고 있다.

예수님이 어디에 계시든지, 하나님의 천사들은 항상 그 옆에 함께했다. 가장 힘든 시간을 맞이하고 있던 예수님은 베드로에게 천사의 도움을 기꺼이 제공할 준비가 되어 있는 아버지 하나님에 대해서 상기시켜 주었다. 예수님은 "너는 내가 내 아버지께 구하여 지금 열두 군단 더 되는 천사를 보내시게 할 수 없는 줄로 아느냐"(마 26:53)라고 말하였다.

하나님은 예수님을 지지하고 강하게 할 천사들을 임명하셨다. 그리고 그분은 또한 당신을 지지하고 강하게 할 천사들을 보내셨다. 그의 천사들이 롯과 그의 아내로 하여금 소돔 성을 떠나라고 재촉했던 것과 같이, 천사들은 오늘날 하나님의 백성들에게 악을 버리라고 촉구하고 있다. 그렇다. 당신이 지금 앉아서 이 책을 읽고 있는 동안에도, 당신이 하나님의 요새 안으로 들어가도록 당신을 보호하면서 바라보고 있는 천사들이 있다.

주 예수님! 당신의 말씀은 당신의 눈앞에 모든 것이 열려 있다고 우리에게 말해 줍니다. 우리는 또한 당신의 귀가 우리의 기도에 주의를 기울이고 있다고 알고 있습니다. 당신의 경계가 우리의 안전이며 평화입니다. 하지만, 주님! 당신이 엘리사의 종의 눈을 여셨던 것처럼 우리의 눈을 열어 주사, 우리로 하여금 당신을 볼 수 있게 하옵소서. 우리의 귀를 여사 당신의 음성을 들을 수 있게 하옵소서. 우리의 삶에 대한 당신의 관심을 알게 하시고, 주님이 주시는 평화를 우리에게 허락하소서. 예수 그리스도의 이름으로 기도합니다. 아멘.

5장 그의 말씀에 의해 보호받다

네가 말하기를 여호와는 나의 피난처시라 하고
지존자를 너의 거처로 삼았으므로
화가 네게 미치지 못하며
재앙이 네 장막에 가까이 오지 못하리니
그가 너를 위하여 그의 사자들을 명령하사
네 모든 길에서 너를 지키게 하심이라
그들이 그들의 손으로 너를 붙들어
발이 돌에 부딪히지 아니하게 하리로다
네가 사자와 독사를 밟으며
젊은 사자와 뱀을 발로 누르리로다.

시편 91:9-13

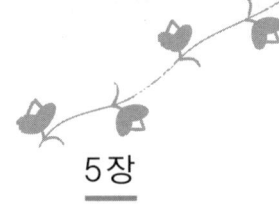

5장
그의 말씀에 의해 보호받다

　　우리가 하나님에 의해서 지켜지고 보호를 받는 최상의 방법은 그분의 말씀에 순종하며 사는 것이다. 우리의 의지를 하나님께 복종시킬 때에 우리의 영혼은 악으로부터 보호받게 된다. 초대 교회의 젊은이들에게 보낸 사도 요한의 말씀을 상고해 보라. "청년들아 내가 너희에게 쓴 것은 너희가 강하고 하나님의 말씀이 너희 안에 거하시며 너희가 흉악한 자를 이기었음이라"(요일 2:14).

　　청년들이 하나님의 말씀에 거하자 영적인 힘이 주어져서, 그들은 악한 자를 이길 수 있게 되었다. 우리 대부분이 악에게 패배하는 이유가 주님의 말씀에 거하지 않기 때문이 아닌가?

　　그리스도의 가르침은 우리를 인도하여 아버지 하나님의 임재 안으로 이끈다. 우리에게 힘을 주고 우리를 보호해 주는 것이 바로 이 아버지의 임재이다. 예수님은 다음과 같이 말씀하셨다.

　　내 양은 내 음성을 들으며 나는 그들을 알며 그들은 나를 따르느니라 내가 그들에게 영생을 주노니 영원히 멸망하지 아니할 것이요 또 그들을 내 손에서 빼앗을 자가 없느니라 그들을 주신 내 아버지는 만물보다 크시매 아무도 아버지 손에서 빼앗을 수 없느니라(요 10:27-29).

우리 하나님 아버지보다 강한 자는 없다. 우리가 그리스도를 따를 때 하나님은 우리를 자기 손바닥 안에 놓으신다. 거기에서는 죽음도 우리를 붙잡을 수 없다. 우리가 어떤 전투를 맞이하든지 우리는 홀로 그것들에 직면하지 않는다. 우리 하나님과 같은 분은 없다. "영원하신 하나님이 네 처소가 되시니 그의 영원하신 팔이 네 아래에 있도다 그가 네 앞에서 대적을 쫓으시며 멸하라 하시도다" (신 33:27).

우리의 모든 발걸음 밑에는 하나님의 영원한 팔이 있다. 따라서 우리가 영적 갈등과 어려움을 통과할 때 우리는 그리스도의 무궁한 생명의 능력에 의하여 지속적인 보호를 받으면서 영원한 땅 위를 걷고 있는 것이다(히 7:16 참고). 우리가 심지어 사망의 그림자를 통과해 갈 때에도 사망의 권세가 우리를 붙잡을 수 없다. 그들은 하나님의 명령에 의해서 우리에게 다가오지도 못한다.

내가 확신하노니 사망이나 생명이나 천사들이나 권세자들이나 현재 일이나 장래 일이나 능력이나 높음이나 깊음이나 다른 어떤 피조물이라도 우리를 우리 주 그리스도 예수 안에 있는 하나님의 사랑에서 끊을 수 없으리라(롬 8:38-39).

죽음을 결코 보지 않는 사람들

하나님의 영은 모든 사건들이 우리에게 영적 유익을 가져오게 하면서 우리가 직면하는 모든 것들을 영원히 회복시키고 변화시킨다. 정말이지, 구조는 하나님의 끊임없는 활동이다. 그리고 그의 최종적인 격려 행위가 부활이다.

예수님은 "진실로 진실로 너희에게 이르노니 사람이 내 말을 지키면 영원히 죽음을 보지 아니하리라"(요 8:51)고 약속하셨다. 유대인들은 예수님의 이 말씀을 듣고 기분이 상했다. 그들에게는 하나님의 논리가 없었고, 영원의 관점에서 생명을 바라보는 지혜가 없었기 때문이다. 그들은 그리스도를 따르는 모든 자들에게 주어진 부활의 능력에 무지한 사람들이었다.

하지만 그들을 너무 심하게 판단하기 전에, 당신 스스로에게 다음과 같은 질문을 해 보라. "그리스도의 약속에 의해서 우리의 기분이 상하지는 않았는가?" 1세기에 예수님을 따랐던 모든 사람들이 죽었다는 사실을 고려할 때 우리는 이 약속의 명백한 모순을 부끄러워하지는 않았는가? 우리가 결코 죽음을 보지 않을 것이라는 사실을 정말로 믿는가?

유대인들 또한 당혹스러워했다. 그들은 다음과 같이 반박했다. "유대인들이 이르되 지금 네가 귀신 들린 줄을 아노라 아브라함과 선지자들도 죽었거늘 네 말은 사람이 내 말을 지키면 영원히 죽음을 맛보지 아니하리라 하니"(요 8:52). 하지만 예수님은 그를 따르는 자들이 결코 죽음을 맛보지 않을 것이라고 말씀하시지 않았다. 예수님은 우리가 결코 죽음을 보지 않을 것이라고 말씀하셨다.

확실히, 우리에게는 죽음의 부화 장치(Incubator) 안에 갇혀서 슬픔에 잠기는 것과 같은 때가 있다. 하지만 이것은 우리 믿음의 영광인 것이다. 비록 우리가 죽기는 하지만 죽음을 보지는 않을 것이다. 오히려 우리는 생명을 볼 것이다. 우리는 죽음을 맛볼 것이지만, 그리스도인으로서 우리는 새 생명을 얻게 될 것이다.

그렇다. 우리가 환란 중에도 그리스도의 말씀을 지키면, 우리에 대한 그분의 약속은 우리가 '죽음을 보지 않을 것'이라는 것이다. 하나님의 입에서 나오는 모든 말씀으로 사는 사람들이 겪는 모든 분투의 최종적인 결과는 죽음이 아닌 풍성한 생명이다. 예수님은 다음과 같이 말씀하신다.

> 심지어 부모와 형제와 친척과 벗이 너희를 넘겨주어 너희 중의 몇을 죽이게 하겠고 또 너희가 내 이름으로 말미암아 모든 사람에게 미움을 받을 것이나 너희 머리털 하나도 상하지 아니하리라(눅 21:16-18).

그분은 우리가 죽음에 처하게 될 수도 있지만, 머리털 하나도 상하지 아니할 것이라고 말씀하셨다. 죽음은 생명의 끝이 아니던가? 죽음이 질병 때문이라면, 그 죽음은 생명의 점진적인 소진이 아닌가? 하지만 그리스도 안에서 우리 인간들이 경험하며 내려가는 모든 어둡고 그늘진 골짜기는 드넓은 생명의 들판으로 드러나게 되어 있다. 우리는 죽음을 맛보지만, 그것을 보지 않을 것이다.

다윗은 "내가 사망의 음침한 골짜기로 다닐지라도 해를 두려워하지 않을 것은 주께서 나와 함께하심이라 주의 지팡이와 막대기가 나를 안위하시나이다"(시 23:4)라고 말하였다. 죽음이 무시무시하게 보일지라도, 하나님의 말씀을 지키는 자들에게 있어서 죽음은 장벽이 아니라, 그림자에 불과하다. 왜냐하면 우리 안에서 죽는 것은 이미 죽기로 예정되어진 것이기 때문이다. 그것은 바로 우리의 옛 성품의 껍질이다. 우리의 자아가 죽는 것은 매일매일의 선택이지만, 우리 안의 새로운 성품은 죽지 않는다.

"그러므로 우리가 낙심하지 아니하노니 우리의 겉사람은 낡아지나 우리의 속사람은 날로 새로워지도다"(고후 4:16). 그렇다. 우리는 하나님의 부활의 능력의 실제를 우리 마음으로 경험하고 있다. 우리가 그리스도의 말씀을 지키며 살아갈 때에 우리의 모든 어려움들은 항상 영원한 생명으로 종결된다. 우리는 바울과 같이 하나님께 감사할 수 있다. "항상 우리를 그리스도 안에서 이기게 하시고 우리로 말미암아 각처에서 그리스도를 아는 냄새를 나타내시는 하나님께 감사하노라"(고후 2:14).

다양한 죽음의 양태들에도 불구하고, 우리의 실패와 질병과 어려움들에도 불구하고, 여전히 요새가 건재하게 남아 있다. 주님이 '우리를 지키시고, 악한 자가 우리를 만지지 못하는 것'은 우리가 생명의 말씀을 단단히 붙들고 있기 때문이다(요일 5:18 참고).

천국의 관점으로부터 우리가 우리 삶의 경험들을 재검토해 보아야 할 때가 있을 것이다. 영광스러운 회고 속에서 우리는 멸망이 우리를 대항해 서 있었던 모든 경우들을 보게 될 것이다. 그리고 우리는 또한 그리스도께서 우리 안에 부활의 능력을 계시해 준 것은 우리가 바로 이러한 어려움들을 통과해 가고 있을 때였다는 것을 알게 될 것이다. 비록 우리가 사망의 음침한 골짜기를 다니기는 했지만 죽지 않았다. 오히려 우리는 두려워하지 않는 것을 배웠다. 천국의 관점으로부터, 우리는 어느 날 '진실로 나는 죽음을 결코 보지 않았다' 라고 고백할 것이다.

주님, 하나님의 말씀이 진리입니다. 지금도 저는 당신이 모든 역경과 전투 속에서 저와 함께하셨다는 것을 알고 있습니다. 당신의 회복시키는 능력 때문에 사탄이 저를 약하게 하려고 했던 모든 어려움들 속에서 제가 더욱 강해졌습니다. 사탄이 저를 멸망시키려 했던 모든 전투에서 제가 더욱 성장해 왔습니다.

진실로, 당신은 제 삶 속에서 모든 것을 선한 것으로 바꾸셨습니다. 그리고 제가 아직도 당신의 목적들을 이해해야만 하는 그러한 부분들까지도 당신께 맡깁니다. 왜냐하면 당신의 은혜로, 심지어 최종적인 죽음처럼 보이는 것도 변화되어질 수 있다는 것을 알기 때문입니다. 그리고 모든 것들 중에서 저는 오직 당신의 부활의 능력만을 의지할 것입니다. 예수님의 이름으로 기도합니다. 아멘.

6장 변화된 마음

야곱아 너를 창조하신 여호와께서 지금 말씀하시느니라
이스라엘아 너를 지으신 이가 말씀하시느니라
너는 두려워하지 말라
내가 너를 구속하였고 내가 너를 지명하여 불렀나니
너는 내 것이라
네가 물 가운데로 지날 때에 내가 너와 함께할 것이라
강을 건널 때에 물이 너를 침몰하지 못할 것이며
네가 불 가운데로 지날 때에 타지도 아니할 것이요
불꽃이 너를 사르지도 못하리니
대저 나는 여호와 네 하나님이요 이스라엘의 거룩한 이요
네 구원자임이라 내가 애굽을 너의 속량물로,
구스와 스바를 너를 대신하여 주었노라.

이사야 43:1-3

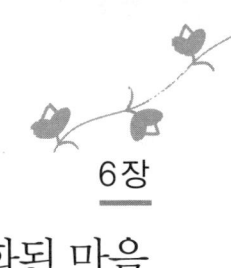

6장
변화된 마음

주님은 역경 없는 세상을 우리에게 약속하시지 않았다. 하지만 주님은 역경 속에서 우리를 통하여 자신을 계시할 것이라고 약속하셨다.

스스로 있는 거룩한 자

우리를 위한 하나님의 최상의 목적은 무엇인가? 우리는 왜 창조되었는가? 태초부터 하나님은 하나의 목적을 가지고 인간을 창조하셨다. 그것은 우리를 자기의 형상대로 빚으시는 것이다.

하나님은 우리를 향한 그의 의도를 결코 바꾸신 적이 없다. 바울은 하나님이 우리 삶의 모든 것들이 합력해서 이 영원한 목적인 선이 성취되게 하신다고 말해 준다(롬 8:28-29).

그러면 우리가 삶 속에서 직면하는 어려움들과 고난들은 무엇인가? 하나님의 계획 속에서 고난들과 어려움들은 학교 수업과 같은 것으로 승격되며 그 안에서 우리는 그리스도의 성품을 본받게 된다. 따라서 우리가 당하는 어려움들은 우리가 하나님을 향하여 나아가도록 몰아가고, 하나님은 우리가 그리스도를 닮아 변화되어 지도록 몰아간다.

따라서 주님은 우리 각자에게 다음과 같은 약속을 주신다.

> 야곱아 너를 창조하신 여호와께서 지금 말씀하시느니라 이스라엘아 너를 지으신 이가 말씀하시느니라 너는 두려워하지 말라 내가 너를 구속하였고 내가 너를 지명하여 불렀나니 너는 내 것이라 네가 물 가운데로 지날 때에 내가 너와 함께할 것이라 강을 건널 때에 물이 너를 침몰하지 못할 것이며 네가 불 가운데로 지날 때에 타지도 아니할 것이요 불꽃이 너를 사르지도 못하리니 대저 나는 여호와 네 하나님이요 이스라엘의 거룩한 이요 네 구원자임이라 내가 애굽을 너의 속량물로, 구스와 스바를 너를 대신하여 주었노라(사 43:1-3).

이러한 그의 공약이 우리에게 커다란 힘이 되지만, 하나님이 불이나 강물에서 우리를 지키시는 것이 아니라, 그분이 그 안에서 우리와 함께하시겠다고 말씀하신 것에 주의해야 한다.

하나님이 우리에게 어려움을 허락하시는 이유가 무엇인가? 그것은 그 안에서 하나님은 그의 아들들과 딸들이 자신의 형상을 닮아가도록 훈련되기를 원하시기 때문이다.

폭풍 치는 바다 위에서 예수님 없이 제자들만 있었던 이야기를 상기해 보라(마 14:22-23). 그들의 배는 높은 파도와 역풍에 강타 당하고 있었다. 예수님은 물 위를 걸어서 이른 아침 어느 시간에 그들에게 다가가셨다. 그분의 첫 말씀은 위로의 말씀이었다. "안심하라 나니 두려워하지 말라"(마 14:27).

예수님의 언질인 "나니"라는 말을 문자적으로 번역하면 '스스로 있는 자'(I AM)인데, 이 말을 주목하는 것이 중요하다. 이 구절은 신적 명칭으로서, 하나님에 대한 영원한 호칭이다. 예수님은 그의 제자들을 도우러 오셔서 자신을 시간의 장벽을 뛰어넘는 분으로 계시하셨다. 따라서 예수님은 그의 모든 제자들에게 자신이 함께하고 있다는 것을 선포하신 것이다. 예수님은 세상 끝까지 우리와 함께하시는 하나님이시다.

따라서 예수님은 지금도 그의 제자들을 도우러 오시며, 우리에게 오시기 위해서 불가능한 상황들처럼 보이는 것들을 물리치시면서 우리 시대의 폭풍들 속에서 자신을 드러내신다. 그분은 모든 인간들의 고난을 이겨내신 분이시다. 따라서 예수님은 모든 환경 속에서 우리를 도우실 수 있다.

우리 마음속에서 일어나는 불신앙을 잠잠케 하자. 그리스도는 지금 이 순간에도 우리에게 오실 수 있다. 당신이 그분의 임재를 느낄 때까지, 그리고 "나니 두려워하지 말라"고 말씀하시는 그분의 확실한 음성을 들을 때까지 폭풍을 통하여 보자. 하지만 예수님은 그의 마음속에 그의 제자들을 안심시키시는 것 이상의 어떤 것을 가지고 있다. 우리 둘레의 폭풍들을 잠잠케 하기 위해서 그리스도를 신뢰하는 것과 안전한 곳을 떠나서 그와 함께 물 위에서 모험하는 것은 별개의 것이다. 이 '맹렬한 바람' 과 바다라는 정황은 하나님의 아들이 그의 제자들의 믿음을 온전케 하고자 하는 학교인 것이다.

우리를 위한 아버지의 가장 높은 목적을 확증해 보자. 예수님은 단지 우리를 위로하기 위해서 오신 것이 아니라, 우리를 온전케 하시기 위해서 오셨다! 우리가 원하기만 하면 우리가 서 있는 이곳이 예수님이 우리를 이끄실 바로 그 장소가 된다. 우리를 온전케 하시려는 그리스도의 목적을 바라보는 것은 하나님의 또 다른 차원을 응시하는 것과 같다.

우리는 우리의 죄를 지적하지 않고, 우리의 불신앙에 도전을 주지 않는 구원자의 이미지를 지닌 것에 대해 회개해야 한다. 왜냐하면, 그러한 것은 하나님에 대한 잘못된 이미지이기 때문이다. 그분을 진정으로 알기 원하면 우리가 다음의 이 진리를 받아들여야 한다. 예수 그리스도는 우리가 완전히 변화되는 일에 끝까지 전념하실 것이다!

모든 제자들 중에서 오직 베드로만이 그 상황 속에서 비전과 믿음을 가지고 반응을 보였다. 베드로는 흔들리는 배의 가장자리에 손을 얹고 어두운 밤과 바람에 날리는 물보라를 통하여 바라보았다. 그는 "주여 만일 주시어든 나를 명하사 물 위로 오라 하소서" 하고 예수님께 소리쳤다. 베드로의 목소리에는 믿음이 있었다!

예수님은 그의 제자들에게 "오라"고 호출하셨다. 베드로는 요동치는 바다, 그 위에서 흔들리는 배의 난간에서 발을 흔들고 있었다. 그는 자신의 눈을 예수님께 고정한 채 뛰어내렸다. 그 순간 몸은 아래로 떨어지고 있었지만, 믿음은 위로 치솟고 있었다.

믿을 수 없는 일이지만, 베드로는 요동치는 파도 위에 서서 예수님을 향하여 걸어가고 있었다! 하지만 베드로는 그의 몸무게를 물 위에 내려놓지 않았다. 그는 "오라!"고 하시는 그리스도의 말씀 위에 서 있었다. 베드로는 예수님이 그에게 불가능한 것을 하라고, 즉 물 위를 걸으라고 말씀하셨다면, 순종의 능력이 그 명령 안에 들어 있을 것이라고 확신했다. 하지만, 한순간이 지난 후 베드로의 믿음이 흔들렸다. 그는 가라앉기 시작했다. 하지만 예수님의 반응 속에서 특별한 어떤 것이 보였다. 그분의 실제적 성품과 궁극적인 목적이 그의 반응 속에서 비춰졌다. 예수님은 베드로를 칭찬하거나 축하하지 않았다. 그분은 그를 책망하였다! 우리가 베드로였다면 칭찬과 격려의 말을 기대했을 것이다. 하지만 예수님은 그러한 것을 주지 않으셨다.

예수님이 화를 내고 계셨는가? 그렇지는 않다. 진리는 이것이다. 예수님은 우리의 온전함을 위하여 냉혹하게 내어 주셨다. 그분은 우리가 영적으로 어디에 머물든지 그분의 공급을 계속해서 필요로 할 것을 아신다. 그분은 또한 우리가 그의 형상을 따라 변화되어지면 될수록, 우리가 이 세상의 악에 덜 노출되어질 것을 아신다. 그렇기 때문에 그분은 우리가 어려움을 맞이하도록 몰아가신다. 왜냐하면 그 어려움들은 우리가 하나님을 향하여 나아가게 해 주기 때문이다. 하나님은 우리가 변화되어지도록 계속해서 몰아가 실 것이다. 결국 하나님의 요새를 발견하는 것은 이 변화된 마음이기 때문이다.

주 예수님, 인생의 폭풍 속에서 두려움에 떨었던 것을 용서해 주옵소서. 너무 오랫동안 저는 저의 온전함을 위한 당신의 뜻을 이해하지 못했었습니다. 저는 변화됨 없이 구원받기를 원했었습니다. 저는 온전히 그리스도처럼 되는 것을 두려워했습니다.

제 안에 당신의 믿음을 불어넣어 주소서. 제가 부족할 때에 최고를 향한 당신의 격려를 오해하지 않도록 저를 도와주소서. 저는 온 마음을 다해 제 삶으로 당신을 영화롭게 하기 원합니다. 당신이 제 안에서 이루신 것들을 다른 사람들이 볼 때 그들도 당신을 영화롭게 할 수 있는 은혜를 저에게 허락하소서! 예수님의 이름으로 기도합니다. 아멘.

7장 정결할수록
더 강한 보호를 받게 된다

대저 여호와는 지혜를 주시며 지식과 명철을 그 입에서 내심이며

그는 정직한 자를 위하여 완전한 지혜를 예비하시며

행실이 온전한 자에게 방패가 되시나니

대저 그는 정의의 길을 보호하시며

그 성도들의 길을 보전하려 하심이니라

그런즉 네가 공의와 정의와 정직 곧 모든 선한 길을 깨달을 것이라

곧 지혜가 네 마음에 들어가며

지식이 네 영혼을 즐겁게 할 것이요

근신이 너를 지키며 명철이 너를 보호하여

악한 자의 길과 패역을 말하는 자에게서 건져내리라.

잠언 2:6-12

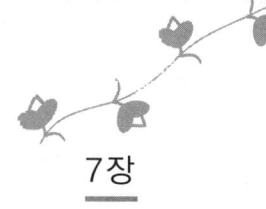

7장

정결할수록 더 강한 보호를 받게 된다

우리가 그리스도 안에서 어린아이일 때에는 하나님이 우리를 어린아이들로 받으신다. 하지만 하나님이 우리를 장성한 아들들로 다루기 시작하는 때가 찾아온다.

악을 위한 피난처는 없다

하나님의 보호망 밖에 존재할 뿐 아니라, 하나님도 멸하려 하시는 우리 삶의 특정한 양태들이 있다. 육신에 속하는 것들은 하나님의 요새 안에서 영원한 피난처를 발견하지 못한다. 뿐만 아니라 기만과 두려움과 정욕과 같은 악한 영의 견고한 진들도 하나님의 보호를 받지 못할 것이다. 하나님의 피난처를 발견하기 위해서 우리는 죄에 대항하고, 타협하지 않으며, 하나님 편에 서야 한다.

위의 것들은 멸해져야만 한다. 그렇지 않으면 그것들이 우리를 멸할 것이다. 우리 영혼의 변화는 우리를 마귀의 사정권 밖에 있게 한다. 우리 영혼의 변화는 우리를 천상의 자리에 앉히기 위해서 우리를 영적으로 높이 세워 준다.

우리가 하늘에서 그리스도와 함께 앉게 되었다는 것을 교리적으로 아는 것과, 그 높은 장소에서 영적으로 기능하는 것과는 별개의 것이다(엡 1:20, 2:6 참고). 우리를 독려하여 그리스도를 닮도록 하기 위하여 성령님은 교리적 진리들로 우리들을 가르칠 뿐 아니라, 폭풍 같은 어려움들과 사탄의 공격 속으로 우리를 밀어 넣기도 하신다. 하나님이 우리 안에서 천국의 좋은 것들을 가지고 역사하시는 때는 우리가 지옥에 속하는 것들과 한창 대결하고 있을 때다.

성령에 의하여 이끌림을 받다

하나님과 동행하는 우리의 삶은 교훈을 배우는 것으로부터 시작하여 우리가 막 배운 것들을 시험받는 과정으로 발전한다. 이것은 자기 아들 예수 그리스도에게도 사용하신 아버지 하나님의 방법이며, 또한 우리에게도 사용하시는 그분의 방법 가운데 하나다. 따라서 이제 예수님을 한번 생각해 보자.

예수님이 요한에 의해 세례를 받으신 직후에 아버지 하나님이 그의 아들 됨을 확증하셨다. 그 다음 장면이 무엇인가? 예수님은 성령에 의하여 광야로 이끌림을 받았다. '성령에 이끌리는 것'에 대해 생각할 때 우리는 기적과 치유, 수많은 사람들을 얻는 것을 떠올린다. 하지만 예수님은 기적을 행하시도록 이끌림을 받기 전에 전투를 하도록 이끌림을 받았고, 그 전투는 그의 마음의 정결함에 대한 것이었다. 예수님은 성령에게 이끌리어 마귀에게 시험을 받으셨다(마 4:1). 아버지께서 자기 아들을 사랑하셨고 아들을 완벽하게 알고 있었지만, 여전히 아버지는 고난을 통하여 자기 아들의 성품을 입증하셨다.

'시험받다'(tempted)라는 말의 실제적인 의미는 '역경 속에서 판단받다, 입증되다' 라는 뜻이다. 예수님은 항상 죄가 없으셨지만, 고난당함을 통하여 순종을 배우셨다. 마찬가지로 하나님 아버지는 우리의 적, 사탄이 우리를 대항하여 알맞은 공격을 가하는 것을 허락하는 데 주저함이 없으시다. 그분은 우리가 무너져 내릴 것을 걱정하지 않으신다. 사실 하나님은 자신이 우리를 사용하실 수 있기 전에 우리가 어느 정도 무너져 내리기를 원하신다.

하나님이 우리를 가르치셨던 것이 증명되는 것은 바로 영적 전투 속에서다. 당신은 어떻게 하나님의 시험을 통과하겠는가? 우리의 승리를 보장받는 길은 우리가 시험을 받을 때 예수 그리스도처럼 하는 것이다.

인생은 교훈들을 배우고 시험들을 통과하는 것으로 구성되어 있다. 신실하신 하나님은 우리의 배움이 단지 머리의 지식으로 끝나는 것이 아니라, 우리 마음이 그리스도를 본받기를 요구하신다. 주님이 우리를 졸업시키시기 전에, 그리스도의 길은 우리가 아는 어떤 것 이상이 될 것이다. 그것은 우리가 시험이나 전투 속에서 본능적으로 선택하는 어떤 것이 될 것이다. 이렇게 될 때 비로소 우리는 하나님의 능력을 체험하게 될 것이다.

하나님의 요새 안으로 들어가는 것은 우리 삶 속에서 하나님이 끊임없이 일하신 결과다. 예수님은 제자들의 마음속에 있는 순종의 크기를 '깊이 파서 토대를 반석 위에' 세운 사람에 비유했다. 하나님이 우리의 옛 성품을 무너뜨리시고 우리의 새로운 성품들을 시험하시는 것은 좋은 것이다. 왜냐하면 종국적으로는 하나님이 일으키시는 것들이 보호를 받을 것이기 때문이다.

폭풍우가 우리에게 다가오는 것을 두려워하지 말라. 불같은 인생의 위협을 두려워하지 말라. 하나님은 우리의 역경 속에서 우리와 함께하시겠다고 약속하셨다. 우리가 위대한 정결함을 얻는 것은 바로 그 속에서 가능한 일이다. 또한 그 위대한 정결함 속에 더 강력한 보호하심이 있다.

주 예수님! 당신은 마음이 정결한 자가 하나님을 볼 것이라고 하셨습니다. 저를 정결케 하소서. 이중적인 마음을 깨끗하게 하소서. 이기심과 교만으로부터 저를 구해 주소서.

주 예수님! 육신의 몸을 입고 이 땅에 계셨을 때 당신은 아버지께서 하시는 것을 본 것들만 행하셨습니다. 저의 본능적인 반응들을 못 박을 수 있는 인내를 제 안에 창조하소서. 자기 보호라는 포로된 상태에서 저를 구하소서. 당신을 따르는 것을 제외하고, 제가 추구하는 모든 것들로부터 저를 구하소서. 제 삶 깊숙한 곳에 당신의 영광의 불이 타오르게 하소서. 예수님의 이름으로 기도합니다. 아멘.

8장 피 언약

내게 나아와 내 말을 듣고 행하는 자마다
누구와 같은 것을 너희에게 보이리라
집을 짓되 깊이 파고 주추를 반석 위에 놓은 사람과 같으니
큰 물이 나서 탁류가 그 집에 부딪치되
잘 지었기 때문에 능히 요동하지 못하게 하였거니와.

누가복음 6:47-48

8장
피 언약

　평생 동안 언약을 통하여 다른 사람과 연합하여 산다는 개념은 이 세상에서 그리 익숙한 것은 아니다. 왜냐하면 이 세상에서는 계약된 동의서들이 쉽게 무효화되고, 이혼이 난무하고 있기 때문이다. 언약을 세우고 그 언약을 지키는 것으로 인한 결과들을 우리가 밝히 알지 못하기 때문에, 우리는 하나님과의 언약 관계를 통하여 이미 우리의 것이 된 영원한 능력을 사용하지 못하고 있다.

　고대로부터 언약은 어떤 두 사람이 표현할 수 있는 상호 헌신과 연합에 대한 가장 지고한 형태로 남아 있다. 성경에서 언약이라는 단어는 '함께 족쇄를 채우다'라는 의미를 가지고 있다. 언약은 당신을 언약을 맺은 상대방에게 평생 동안 구속시킨다. 그것은 두 사람이 하나가 되었다는 것을 의미한다.

　종종 언약의 당사자들은 어느 한쪽을 공격한 적이 다른 쪽도 발견할 것을 상징하기 위해서 그들 사이에 칼을 넘겨받곤 했다. 이것은 "나의 팔은 당신의 팔과 같이 될 것이며, 나의 무기도 당신의 무기와 같이 될 것입니다"라고 말하는 방법 가운데 하나다.

언약을 맺는 것과 동반되는 또 하나의 의식이 있었는데, 그것은 한 사람이 언약의 상대방에게 신발을 건네주는 것이었다. 이 행동은 한 사람이 다른 사람이 필요로 하는 만큼의 거리를 함께 여행하겠다는 헌신을 상징하는 것이었다.

또 하나의 다른 의식은 언약을 맺는 두 사람이 한 짐승을 가지고 하나님께 희생 제사를 드리는 것이었다. 그 제물을 가른 후에 두 사람 모두 차례로 그 갈라진 사이를 걸어가게 되어 있었다. 그 후부터 각 언약의 당사자는 자신을 그들의 맹세를 통해 태어난 '새 사람'의 반쪽으로 여기게 되어 있었다.

언약은 평생 동안 유효한 맹세이며, 종종 당사자의 자녀들까지 포함했기 때문에, 그것은 한순간에, 형식이나 절차 없이 세워지지 않았다. 그것은 상호 헌신에 대한 지고한 표현이었던 것이다. 언약을 통한 연합이 친구들 사이에서 이루어지든, 남편과 아내 사이에서 이루어지든, 혹은 하나님과 인간 사이에 이루어지든, 다른 사람에 대한 헌신을 표현하는 것 중에서 이 형태보다 더 훌륭한 것은 없다. 언약은 두 대상 사이에서 이루어지는 가장 깊고도 가장 오래 지속되는 헌신이다.

성경 속의 언약의 역사

성경은 특별히 언약의 계보를 따라 나뉘어져 있다. 우리가 구약과 신약이라고 부르는 것은 구 언약과 새 언약으로 번역되어져야 한다. 성경은 역사의 다양한 시기에 하나님이 그의 종들과 언약들을 세우셨다고 증거하고 있다. 그 언약들 중 일곱 개의 주요한 언약들이 있는데, 그중 여섯 개는 하나님이 다음에 나오는 구약의 인물들과 맺으셨다. 그들은 노아, 아브라함, 이삭, 야곱, 모세, 다윗이다. 가장 위대한 일곱 번째 언약은 신약 성경에 나타나는 아버지와 아들 사이에 맺어진 것이었다.

하나님의 성품과 그분이 인간과 맺으신 언약의 관계를 더 깊이 이해하기 위해서 성경에 나오는 하나님의 언약들을 살펴볼 필요가 있다. 창세기 6장 5절에서 우리는 세상이 극도로 악해졌지만, 오직 한 사람 노아는 하나님께 은혜를 받았다는 것을 알게 된다. 노아는 인류를 존속시킬 수 있게 한 언약에서 하나님의 파트너가 되었다. 하나님은 노아에게 다음과 같이 말씀하셨다. "그러나 너와는 내가 내 언약을 세우리니 너는 네 아들들과 네 아내와 네 며느리들과 함께 그 방주로 들어가고"(창 6:18).

하나님이 언약의 능력으로 역사하기 시작할 때, 그분의 파트너는 하나님에 의해서 잘 계획된 일련의 새로운 일들을 형성하는 단 하나의 구성요소일 뿐이다. 노아를 한번 생각해 보라. 노아가 홍수 속에서 보호함을 받기 이전에도, 하나님은 노아 주위에서 일어나는 광포함과 타락에도 불구하고 그의 의로움을 보존하셨다. 그런 후에 하나님은 노아를 부르셔서 그에게 방주를 만들라고 명령하셨다. 노아는 방주를 발명해야 할 필요가 없었다. 하나님이 그에게 계획들을 주셨다. 노아는 동물들을 찾아서 방주 안으로 들일 필요가 없었다. 하나님이 그것들을 불러들이셨다. 그리고 그들이 방주 안으로 들어간 후에, 성경은 하나님이 방주의 문을 닫으셨다고 기록하고 있다.

노아를 보호한 것은 방주가 아니었다. 그것은 그가 하나님과 맺었던 언약이었다. 그 언약이 노아와 그의 가족이 세상에 일어난 가장 큰 재앙에서 살아남기 위해 필요한 모든 것을 공급해 주었다. 사실, 노아의 이름은 '쉼'이라는 의미를 가지고 있다. 노아는 '정말로 홍수가 올까?' 혹은 '어떻게 방주를 지을 수 있을까?'에 대해서 전혀 의심하지 않았다. 노아는 이러한 모든 모험이 자기의 생각인지, 아니면 하나님의 것인지에 대해 의심하는 불신앙을 품으며 요동하지 않았다. 하나님과 언약 관계에 있을 때, 우리는 무엇인가 이루기 위해서 몸부림칠 필요가 없다. 우리는 우리 삶에 대한 하나님의 계획에 대한 갈등으로부터 쉼을 얻을 수 있다.

이러한 것이 하나님과의 언약을 통하여 인간에게 공급되는 능력이다. 다시 말하지만, 언약은 선한 사람들이 선해지기 위해 노력함으로써 얻을 수 있는 것보다 더 많은 것을 공급해 준다. 그것은 교회 내의 영리한 사람들이 자신들의 자원들을 가지고 달성할 수 있는 것보다 더 훌륭한 것을 이룰 수 있게 해 준다.

하나님이 일으키신 믿음을 고수하는 것 외에, 언약의 목적의 성취 여부는 인간에게 달려 있지 않다. 언약의 최종적인 목적은 결과적으로 완벽하게 하나님께 영광을 돌리게 하는 완전한 신적 능력의 표시를 제공하는 것이다. 따라서 노아에게 한 하나님의 약속("내가 너와 함께 언약을 세울 것이다")은 그 자체로 하나님이 약속하신 것이 확실히 성취될 것이라는 보장을 나타낸다.

아브라함을 생각해 보자. 영광의 하나님이 메소포타미아에 있는 아브라함에게 나타나셨다. 하나님은 그의 종을 부르셔서, 그가 온 세상의 상속자와 열국의 아비가 될 것이라고 약속하시면서 그를 준비시키셨다.

아브라함은 하나님을 믿고, 자기 조상들의 땅을 떠나서 이방인으로서 가나안 땅으로 이주하였다. 하지만 하나님이 다시 그의 종에게 나타나실 때가 왔다. 하나님은 "아브람아 두려워하지 말라 나는 네 방패요 너의 지극히 큰 상급이니라"(창 15:1)라고 말씀하셨다.

아브라함은 하나님과 믿음의 대화를 나누기 시작했다. 아브람은 "주 여호와여 무엇을 내게 주시려 하나이까 나는 자식이 없사오니"(창 15:2)라고 말하였다. 하나님의 종은 의심을 표현한 것이 아니라, 그의 믿음을 성취하려 하고 있었다.

하나님은 다음과 같이 반응하였다. "그를 이끌고 밖으로 나가 이르시되 하늘을 우러러 뭇별을 셀 수 있나 보라 또 그에게 이르시되 네 자손이 이와 같으리라 아브람이 여호와를 믿으니 여호와께서 이를 그의 의로 여기시고"(창 15:5-6).

하나님이 언젠가 우리의 삶 속에서 중요한 어떤 것을 행하실 것이라는 것을 믿는 것을 넘어서는 것으로써, 우리에게 유효한 더 중대한 믿음의 단계가 있다. 그것은 하나님이 지금 우리를 중대한 일로 부르고 있다는 것을 깨닫는 믿음이다. 이것이 하나님이 아브라함 안에 일깨우신 그러한 믿음이었다. 그날 밤에 창조자 하나님은 스스로 아브라함과 언약을 세우셨다. 하나님은 아브라함에게 암소와 암 염소, 숫양과 산비둘기, 그리고 어린 집비둘기를 가져오라고 하셨다. 그리고 성경은 "아브람이 그 모든 것을 가져다가 그 중간을 쪼개고 그 쪼갠 것을 마주 대하여 놓고 그 새는 쪼개지 아니하였으며"(창 15:10)라고 기록하고 있다.

이 시점에서, 하나님은 이스라엘 백성들이 400년 동안 이방 나라에서 노예로 살게 되지만, 결국 하나님이 아브라함에게 약속하신 땅으로 돌아오게 될 것이라고 말씀하셨다.

> 해가 져서 어두울 때에 연기 나는 화로가 보이며 타는 횃불이 쪼갠 고기 사이로 지나더라 그날에 여호와께서 아브람과 더불어 언약을 세워 이르시되 내가 이 땅을 애굽 강에서부터 그 큰 강 유브라데까지 네 자손에게 주노니(창 15:17-18).

그리스도 자신이 그 쪼개진 사이를 지나갔던 횃불이었다. 연기 나는 화로와 횃불은 예언적 성격을 띤 것들로서, 하나님이 이스라엘 백성들을 이 땅으로 돌리실 때에 낮에는 구름기둥으로, 밤에는 불기둥으로 보호하시고 인도하셨던 것이었다. 또한 오직 횃불만이 그 희생 제물 사이를 지나갔다는 것이 중요한데, 이것은 하나님이 그의 약속과 아브라함의 약속을 모두 지키실 것이라는 것을 나타내 준다.

언약이 하나님에 의해서 세워질 때에, 그것은 하나님의 파트너가 된 인간에게 은혜와 믿음을 공급해 주겠다는 하나님의 변할 수 없는 맹세를 담고 있다. 다시 말하지만, 언약의 개시는 하나님으로부터 온다. 아브라함의 믿음은 하나님의 목적에 대한 '교의적' 지식으로부터 살아 있는 반응으로 옮겨져 갔다.

하나님은 또한 시내산(호렙산이라 불리기도 함)에서 모세와 언약을 맺으셨다. 하지만 이 언약은 하나님의 지지를 명백하게 보장해 주는 그러한 것은 아니었다. 그것은 하나님의 율법, 즉 십계명에 대한 백성들의 복종에 기초한 맹세였다. 이스라엘에 대한 하나님의 지지와 돌봄은 자동적인 것이 아니라, 조건적인 것이었다. 그것은 그들의 순종에 달려 있었다.

그들은 그 십계명을 언약궤라 불리는 금테 둘린 상자에 넣었다. 이스라엘이 전쟁에 나갈 때, 그들은 그들 앞에 언약궤를 세우고 전쟁에 나갔다. 그 언약은 그들 군대를 위한 능력의 원천이었다. 하나님 자신이 그들의 동맹군이었다. 그들이 가나안 땅으로 돌아오는 과정 속에서 요단강을 건널 때, 제사장들이 언약궤를 어깨에 메고 건넜다. 그것이 강물을 갈라지게 하여, 온 나라가 그들의 기업을 소유할 수 있게 해 주었다. 이스라엘의 힘은 하나님과 그들이 맺은 언약 안에 있었다.

새 언약

언약의 전 과정은 하나님의 의지에 의하여 개시되어지고, 수립되어지며, 확증되어지고, 성취되어진다. 하나님과 언약을 맺는 파트너는 단순하게 그 약속의 신실성을 믿고, 언약의 조건들에 순종하면 된다.

그리스도인들로서 우리는 언약의 당사자들이다. 우리가 '그리스도인의 삶'으로 묘사하는 것 안에 있는 구원의 능력은 영원한 언약으로부터 솟아나는 능력이다. 우리와 하나님과의 관계는 그리스도를 통한 언약의 관계이다. 그분이 그 언약을 개시한 자이며, 그것을 완성하는 자이다. 그분은 우리 구원의 전체 과정에서 근원과 인도와 목표가 되신다.

그래서 우리는 하나님이 언약을 개시하시고, 언약을 지키시는 하나님임을 알게 된다. 물론 모든 다른 언약들을 성취하면서 지금까지 맺어진 가장 위대한 언약은 아버지와 아들 사이에 맺어진 언약 관계이다. 이것이 바로 피 언약(Blood Covenant)이다. 이 언약의 조건들이 의미심장한 것이었다. 하나님의 아들이 그의 전 생애를 통해 죄 없는 완벽한 삶을 산다면, 그리고 구원을 위한 복종으로 자기의 흠 없는 삶을 하나님께 드린다면, 그 순간부터 영원까지 하나님은 용서를 구하는 모든 이들의 죄를 사해 주실 것이다. 아버지는 자기 아들과의 언약 동의서에서 모든 인류의 죄악들을 그리스도의 십자가로 전가시키겠다고 약속하셨다.

오늘날 우리는 어떤 다른 이유로 용서를 받은 것이 아니라, 예수님이 언약의 조건들을 충족시키셨기 때문에 용서를 받았다. 우리는 예수님을 통하여 아버지께로 나아갈 수 있게 되었고, 죄 용서함을 받을 수 있게 되었다. 사탄이 우리의 죄로 인하여 우리를 정죄하려 할 때, 혹은 우리의 실패에 대하여 고소하려 할 때, 우리는 그리스도의 보혈을 기억하기만 하면 된다. 우리의 구원은 결코 우리의 선함이나 우리의 공로에 의존하지 않는다. 우리 믿음의 토대는 우리를 위해 예수님이 아버지 하나님과의 언약 조건을 충족시키신 것 위에 세워진다.

이것을 기억하고 기뻐하라. 하나님은 비전에 한계를 가지고 있고, 무엇을 성취하는 데 나약한 평범한 인간과 언약을 맺지 않으셨다. 새 언약 속에서 하나님은 예수님과 언약을 맺으셨다. 그리스도 안에서 우리는 하나님의 자녀들이다. 그렇기 때문에 우리는 "하나님의 상속자요 그리스도와 함께 한 상속자"(롬 8:17)이다. 노아의 가족들이 노아의 언약을 통해 하나님의 보호를 얻은 것처럼, 우리는 그리스도를 통하여 하나님의 요새에 접근할 수 있게 된다. 그리고 아브라함의 후손들이 아브라함과 맺은 하나님의 약속된 언약을 누렸던 것처럼, 우리는 예수님께 주어진 하나님의 약속된 언약으로 인한 축복들을 유업으로 받는다.

하늘의 무지개를 볼 때마다 우리는 하나님이 언약을 지키시는 분이라는 것을 기억해야 한다. 한때 흩어졌지만 하나님에 의해 아브라함에게 약속되어진 바로 그 땅으로 돌아온 이스라엘은 전능자 하나님이 그의 언약들에 신실하신 분임을 우리에게 말해 주고 있기 때문이다.

예수님 때문에, 신적인 헌신(영원이라는 먼 곳에서부터 기꺼이 우리 옆에 오심)을 나타내 주는 신발이 우리에게 주어졌다. 하나님과 그의 언약 당사자들은 악에 대항해서 연합한다. 질병과 가난과 두려움이라는 우리의 적들은 그분의 적들이다. 죄와 사탄이라는 그분의 적은 또한 우리의 적이다. 칼이 우리 사이에 오고갔다. 우리는 우리 공동의 적들에 대항하여 하나님을 지지하기 위해 하나님의 뒤편에 서야 한다.

언약을 위한 희생 제물들은 황소도 숫염소도 아니다. 그것은 어린 양이다. 하나님과 인간들은 그리스도의 나누어진 '반쪽 몸' 사이를 지나간다. 우리는 그리스도의 인성을 통하여 하나님과 연합한다. 하나님은 그리스도의 신성을 통하여 우리와 연합한다. 그리스도 안에서, 하나님과 인간은 언약의 능력(covenant power)으로 하나가 된다.

당신은 얼마나 훌륭하신지요! 당신은 저를 위한 하나님과의 언약 속에서 당신의 생명을 주셨습니다. 저는 당신의 사랑과 같은 사랑을 알지 못하며, 당신과 비교되어질 수 있는 어떤 선함도 알지 못합니다. 당신과 같은 분은 아무도 없습니다. 당신과의 언약 관계 속에서 살 수 있는 용기를 저에게 주옵소서. 당신이 질병과 두려움에 대항하여 제 편이시라는 것을 아는 것과, 제가 죄와 악에 대항하여 당신의 편이라는 것을 아는 믿음을 저에게 주옵소서. 당신 언약의 능력 안에서 저는 완전한 승리를 보게 될 것입니다. 예수님의 이름으로 기도합니다. 아멘.

THE STRONGHOLD OF GOD

9장 사랑의 세례

또 너로 말할진대 네 언약의 피로 말미암아
내가 네 갇힌 자들을 물 없는 구덩이에서 놓았나니
갇혀 있으나 소망을 품은 자들아 너희는 요새로 돌아올지니라
내가 오늘도 이르노라 내가 네게 갑절이나 갚을 것이라.

스가랴 9:11-12

9장

사랑의 세례

이 조바심 나고 두려운 시대에 우리가 잠잠히 마음속으로 하나님을 묵상하는 것이 쉽지 않다. 우리는 성경공부나 다른 순종의 행위들을 할 수 있다. 그리고 다양한 수준에서 어떻게 성경 말씀을 증언하고, 권면하며, 축복하는지에 대해서도 우리는 알고 있다. 우리는 이러한 것들을 어떻게 고려해야 하는지를 알고 있을 뿐 아니라, 그것들을 어떻게 온전케 할 수 있는지도 알고 있다. 하지만 우리의 영혼을 물질 세계 위로 들어올려서 의식적으로 하나님 안에 거하는 것은 우리 그리스도인들이 다다르기에 불가능한 것처럼 보인다.

하나님 안에 거하기

하지만 사실상 하나님의 본질을 붙잡는 것이 하나님의 요새 안으로 들어가는 것이다. 그것은 우리의 영혼 안에 그리스도께서 이루신 승리를 받아들이는 것이다. 그를 위해 우리는 단지 선한 일들로 자신들을 만족케 해서는 안 된다. 종국적으로, 우리는 성경 공부와 교회 출석 그 자체로는 만족이 없는 형식일 뿐이라는 것을 발견하게 될 것이다. 이러한 활동들은 하나님이 규정하신 의도를 벗어나서는 안 된다. 그것들은 우리가 하나님을 추구하고 발견하기 위한 수단들일 뿐이다. 우리의 기쁨은 영적 훈련의 기교 속에서 발견되어지지 않을 것이다. 그러한 훈련들은 단지 우리를 전능하신 하나님께로 가까이 데려다 줄 뿐이다. 바울의 외침은 '내가 그리스도를 알고자 하여' 였다(빌 3:10 참고).

예수님을 알고자 하는 바울의 욕구가 구원과 교회의 질서, 복음 전파와 마지막 시대의 사건들에 대한 지식을 낳게 했다. 하나님을 알고자 하는 그의 마음의 열정으로부터 계시와 성경의 저작, 그리고 영원에 대한 지식이 나오게 되었다.

바울의 지식은 그리스도와 자기의 경험에 기초하였다. 하지만 우리는 하나님의 실제에 욕심내지 않으면서 하나님에 대한 역사적 사실들만을 가지고 만족해 왔다. 성경에 담겨 있는 영감의 근본 목적은 우리를 떠밀어서 살아 계신 하나님을 발견하게 하는 것이다. 성경이 하나님에 대한 이 기본적인 욕구를 우리에게 전가시키지 않았다면, 하나님의 말씀과 우리와의 관계는 피상적인 것이 되었을 것이다.

우리의 목표는 우리가 그를 발견할 때까지 그분을 진정으로 추구하는 것이다. 신학적 지식은 단지 하나님의 요새를 향한 첫 발걸음일 뿐이다. 그 지식은 그곳으로 인도하는 지식일 뿐이다.

우리는 진정으로 하나님의 임재 안으로 들어가 보지 못한 채로, 너무 오랫동안 하나님께 가까이 가는 올바른 방법이 무엇인지에 대한 교리적인 논쟁을 해 왔다. 우리는 여행을 떠나지 않은 채, 하나님이 우리에게 주신 지도를 해석하는 적당한 방법에 대해서 논쟁해 왔다.

지식을 초월하는 사랑

우리가 그리스도의 사랑 안에서 거하는 곳으로서 지식보다 더 멋진 장소가 있다. 그곳은 다름 아닌 하나님의 요새이다. 당신과 나를 위한 사도 바울의 기도는 우리가 '지식에 넘치는 그리스도의 사랑을 아는 것' 이었다(엡 3:18 참고).

하나님이 우리가 들어와 거주하기를 간절히 원하시는 사랑의 장소가 있다. 당신이 태양이 뜨는 것이나 별이 반짝이는 밤하늘을 본 적이 없다면, 어떤 설명이 당신 자신의 눈으로 그 엄청난 아름다움을 바라보는 것을 대체할 수 있겠는가?

이와 같이 하나님을 진정으로 알기 위해서, 우리는 우리의 지식을 통과하여 전능자와 마주칠 때까지 그분을 계속해서 추구해야 한다. 하나님의 '위를 향한 부르심' 은 교리를 통과하여 하나님의 임재의 확실성과 즉시성 안으로 우리를 끌어 준다. 그리고 그 여정은 우리가 우리의 존재를 그분의 손에 맡기는 복종의 장소로 이끌어 준다. 우리는 어떻게 그분의 음성을 듣는지 배워야 한다. 우리가 들을 때, 우리의 부르심은 사랑이 머무는 장소로 더 높이 상승할 것이다.

이 땅에 있게 될 하나님의 마지막 커다란 역사는 압도적인 사랑에 의해 구별되어질 것이다. 이 압도적인 사랑은 그리스도로부터 그의 백성들에게 쏟아부어지는 사랑의 세례이며, 우리의 찬양 속에서 그분께로 다시 되돌려지는 사랑이다. 예수님을 진정으로 사모한 사람들에게, 그리스도의 깊고 다함이 없는 사랑이 계속 증가하는 파도처럼 몰려올 것이다. 그렇다. 그의 십자가가 우리를 깨뜨릴 것이다. 그의 거룩함이 우리를 정결케 할 것이다. 하지만 우리를 그분 자신으로 가득 채우는 것은 그분의 사랑일 것이다.

주님, 이것이 가능한 일입니까? 정말 제가 모든 지식을 초월하는 하나님의 사랑을 알 수 있다는 것이 사실입니까? 오 하나님! 간절히 당신을 알기 원합니다. 제가 당신의 사랑의 실체 안에 거하기를 원합니다. 왜냐하면 당신의 사랑이 저를 보호해 주는 요새이기 때문입니다. 주님, 제가 당신의 사랑을 신적인 감정이 아니라, 당신의 본질로서 인식할 수 있도록 도와주소서. 당신을 십자가에 못 박은 것은 빌라도나 사탄이 아니라는 것을 저로 하여금 알 수 있게 도와주소서. 당신은 오직 사랑에 굴복한 것입니다. 지금도 저를 위해 중보하시는 것이 당신의 사랑임을 저로 하여금 다시 기억하게 하소서. 예수님의 이름으로 기도합니다. 아멘.

10장 모든 기도가 응답되는 곳

믿음으로 말미암아
그리스도께서 너희 마음에 계시게 하옵시고
너희가 사랑 가운데서 뿌리가 박히고 터가 굳어져서
능히 모든 성도와 함께 지식에 넘치는 그리스도의 사랑을 알고
그 너비와 길이와 높이와 깊이가 어떠함을 깨달아
하나님의 모든 충만하신 것으로 너희에게
충만하게 하시기를 구하노라.

에베소서 3:17-19

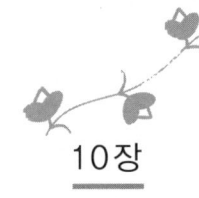

10장

모든 기도가 응답되는 곳

우리는 우리가 단지 그리스도인이기 때문에 그리스도 안에 거하는 비밀을 배웠다고 가정해서는 안 된다. 예수님은 "너희가 내 안에 거하고 내 말이 너희 안에 거하면 무엇이든지 원하는 대로 구하라 그리하면 이루리라"(요 15:7)라고 말씀하셨다. 그 안에 거한다는 것은 그의 열망을 가지고 그와 끊임없는 연합을 이루는 삶을 의미한다. 그것은 우리의 연약함과 그분의 능력, 혹은 우리의 갈망과 그분의 성취 사이에 어떤 장애물이나 그림자도 존재하지 않는 하나님의 처소를 발견하는 것을 의미한다.

하나님이 하신 약속의 크기를 고려해 볼 때에, 대부분의 사람들이 매일 단 몇 분의 경건 생활과 일주일에 한두 번의 예배 시간만을 가지는 것이 얼마나 불행한 일인지 모른다.

하나님의 요새는 하나님을 방문하는 장소일 뿐 아니라, 그와 함께 거하는 장소이다. 하나님과 함께 거하는 사람들에게 있어서, 그의 임재는 단지 피난처일 뿐 아니라, 영원한 주소이기도 하다. 우리가 그리스도 안에 거할 때, 예수님과 아버지 하나님이 하나인 것처럼, 우리도 그와 하나가 된다. 우리를 지탱시키는 것은 그의 생명과 그의 품성, 그의 지혜와 그의 영인 것이다. 우리는 완벽하게 약해져서 그에게 저항할 수 없게 된다. 아버지와 아들의 관계처럼, 우리는 그리스도께서 행하시는 어떤 것을 보지 않는 한, 독단적으로는 아무것도 행하지 않는다. 그분이 우리에게 우리의 사랑 외에 어떤 것도 요구하지 않을 때 우리는 아주 만족해한다. 예수님은 우리의 첫 번째 선택이지, 최후 수단이 아니다.

그 거처에 들어간 사람들에게 던지는 우리의 질문들은 교리나 강대상에서 올바른 기도를 하느냐에 관한 것들이 아니다. 우리의 영혼이 사랑하는 그분을 발견했다. 우리는 그의 사랑 안에 갇혀 살면서 그의 음성에 의해 움직이며, 그것에 의해 인도함을 받는다. 그분은 "바위 틈 낭떠러지 은밀한 곳에 있는 나의 비둘기야 내게 네 얼굴을 보게 하라 네 소리를 듣게 하라 네 소리는 부드럽고 네 얼굴은 아름답구나"(아 2:14)라고 말씀하신다.

그리스도와 그분의 신부 사이에 오가는 이러한 마음의 교통이 요새이다. 그것은 삶의 고통과 유혹들로부터 피할 수 있는 하나님의 피난처이다. 여기에서 그분은 우리에게 무엇을 기도해야 할지 말씀하신다. 여기에서 우리의 간구가 응답되어진다. 하지만 우리의 흠과 우리 기도의 연약함에도 불구하고, 그분에게 우리의 목소리는 매우 달콤하게 들린다. 우리의 부족함에도 불구하고 그분의 눈에 우리의 모습은 너무도 사랑스럽게 보인다.

그리스도의 품 안에서

예수님께 우리는 어떠한 존재인가? 그분은 자기의 창조적 능력을 시험하기 위해서 우리에게 생명을 주셨는가? 아니다. 우리는 그분의 사랑을 성취하기 위해서 존재한다. "세상에 있는 자기 사람들을 사랑하시되 끝까지 사랑하시니라"(요 13:1).

당신은 주님에 의해 사랑받고 있다. 그분은 당신을 높이 평가하신다. 예수님은 우리 각자를 위해서 죽으셨다. 그분은 우리의 이름을 불러가며 아버지 하나님께 간구한다. 당신은 "하지만 나는 실패로 인한 두려움으로 가득 차 있습니다"라고 말한다.

그분은 이렇게 말씀하신다. "아버지여 내게 주신 자도 나 있는 곳에 나와 함께 있어 아버지께서 창세 전부터 나를 사랑하시므로 내게 주신 나의 영광을 그들로 보게 하시기를 원하옵나이다"(요 17:24). 그리스도에게 있어서 우리는 아버지로부터 그에게 주어진 선물이기 때문에 그가 우리를 귀중히 보신다.

아버지 하나님은 온갖 좋은 은사와 온전한 선물들만을 주신다는 것을 예수님은 알고 계신다(약 1:17). 그렇다. 우리는 불완전하다. 하지만 그리스도는 우리를 우리가 앞으로 되어질 완벽한 모습을 가진 자들로 바라보신다. 예수님은 처음부터 끝까지 보실 수 있기 때문에 우리를 기쁨으로 받으신다.

그러면 우리는 어떤 종류의 선물에 해당되는가? 우리는 보상에 해당되는가? 아니면 도전에 해당되는가? 둘 다 아니다. 우리는 그분의 신부이다. 우리가 그분을 힐끗 보기만 해도 그분의 심장박동이 빨라진다(아 4:9). 우리는 이 사랑 안에서 예수님과 함께 나누며, 이 하나님의 요새 안에서 안전하게 거한다.

주님, 제가 주님에 대한 헌신을 제대로 실행하지 않는 것을 용서해 주옵소서. 주님, 이제 저는 제 자아가 거하는 모든 처소를 포기합니다. 저에게 당신의 능력을 주사, 진정으로 당신 안에 거하게 하소서. 제 안에 거하는 당신의 말씀을 한결같이 유지할 수 있는 순종의 마음을 저에게 허락하소서. 저는 깨어지지 않는 당신과의 관계를 온 마음으로 사모합니다. 지금 이 순간에도 저를 만지셔서 당신의 임재에 완벽하게 저를 맞추소서. 그리하여 제가 당신과 하나 되어 살게 하시며, 당신의 뜻을 앎으로 제가 힘 있게 살게 하소서. 예수님의 이름으로 기도합니다. 아멘.

11장 그 이름의 능력

하나님이 이르시되
그가 나를 사랑한즉 내가 그를 건지리라
그가 내 이름을 안즉 내가 그를 높이리라
그가 내게 간구하리니 내가 그에게 응답하리라
그들이 환난 당할 때에 내가 그와 함께하여
그를 건지고 영화롭게 하리라
내가 그를 장수하게 함으로 그를 만족하게 하며
나의 구원을 그에게 보이리라 하시도다.

시편 91:14-16

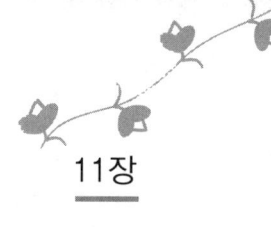

11장
그 이름의 능력

　우리는 어떤 열심을 가지고 다음과 같은 그리스도의 말씀을 읽어 왔는가? "너희가 내 이름으로 무엇을 구하든지 내가 행하리니 이는 아버지로 하여금 아들로 말미암아 영광을 받으시게 하려 함이라"(요 14:13). 이 약속들이 우리를 위해 성취되지 않는 것은 무엇 때문인가? 왜 그러한 엄청난 기대가 그렇게 작은 응답으로 끝나는가?

　예수님의 말씀이 정말 사실임을 믿고, 그 말씀의 함축된 의미들을 생각해 보자. 어떤 질병이라도 치료되어질 수 있다. 어떤 귀신도 축출되어질 수 있다. 어떤 죄인이나 친구, 친척들도 구원받을 수 있다. 예수님은 "무엇을 구하든지"라고 말씀하셨다. 우리의 믿음이 이러한 것들보다 더 큰 성취를 이루는 것을 누가 막을 수 있는가? 어떤 사람들이라도 치유받을 수 있는 것은 물론이고, 어떤 도시들이라도 치유받을 수 있다. 어떤 귀신들이라도 축출되어질 수 있을 뿐 아니라, 어떤 정사들이라도 멸해질 수 있다. 이 땅의 마지막은 그리스도의 이러한 약속에 대한 우리 믿음의 각성을 기대하고 있다.

하지만 젊은 부자 청년처럼, 우리는 우리 안에 어떤 것이 부족하다는 것을 알고 있다. 우리는 주님께 "우리에게 아직도 무엇이 부족합니까?"라고 질문한다. 요한복음에서 예수님은 다음과 같이 말씀하셨다. "내 이름으로 무엇이든지 내게 구하면 내가 행하리라 너희가 나를 사랑하면 나의 계명을 지키리라"(요 14:14-15). 예수님은 우리가 본능적으로 그분에게 복종하기까지는 우리의 요구에 자연스럽게 응답하시지 않을 것이다. 그의 요구에 순종하는 것은 우리로 하여금 그의 내주하심(indwelling)을 경험할 수 있도록 우리를 준비시켜 준다. 그분의 사랑은 이 내주하심 속에서 성취되어진다.

우리가 그분에게 순종하는 것이 매우 중요하지만, 그리스도의 최종적인 목표는 우리의 순종이 아니라 그분과 우리가 하나가 되는 것이다. 그분은 멀리에서 그를 아는 수만 명의 사람들을 원하기보다, 어떤 한 종의 마음속에서 친밀하게 거하기를 원하신다. 그분은 우리의 사랑을 추구하신다. 그러면 사랑이란 무엇인가? 그것은 하나 됨을 위한 열망이다.

"나의 계명을 지키는 자라야 나를 사랑하는 자니 나를 사랑하는 자는 내 아버지께 사랑을 받을 것이요 나도 그를 사랑하여 그에게 나를 나타내리라"(요 14:21). 사랑에서 난 순종은 더 큰 사랑으로 나아가게 하며, 더 큰 사랑은 종국적으로는 우리 마음속에 그리스도가 명백히 계시되어지는 것으로 나아가게 한다.

"나는 그를 사랑할 것이고, 그에게 나를 나타내리라." 우리의 영혼을 자극해서 그리스도의 약속 안에 담겨 있을 뿐 아니라, 그분의 마음 안에 담겨 있는 깊고 거룩한 열망으로 나아가자. 예수님은 제자들과의 지속적인 교제를 몹시 갈망하셨다. 따라서 그분은 부활 후에 제자들이 자신과 친밀함을 나눌 수 있도록 그들을 준비시키고 계셨다.

그의 이름으로

'예수님과의 친밀함', '예수님과 하나 됨'이란 말은 그리스도와 그의 교회 사이의 연합을 통해 새로운 피조물, 즉 부분적으로는 이 땅에서 낳고, 부분적으로는 하늘에서 낳은 새로운 인종(人種)을 낳았다는 것 외에 무엇을 의미하겠는가? 이 새로운 피조물로서 우리는 하나님의 임재 안으로 들어갈 수 있게 되었다. 여기에서 우리는 인간들의 필요를 위한 중보자들로 서게 된다. 하지만 우리는 또한 그의 말씀을 사람들에게 가져가며, 그리스도를 대신하여 그들에게 하나님과 화해하라고 간청하는 하나님의 대사들이다.

그래서 예수님은 우리에게 공급하시기로 약속하셨다. "내 이름으로 아버지께 무엇을 구하든지 다 받게 하려 함이니라"(요 15:16). 그의 약속을 푸는 열쇠는 "내 이름으로"라는 구절이다. 사실, 하나님의 모든 약속은 예수님의 이름을 통하여 이루어진다.

예수님의 이름은 우리의 행군 명령에 신호를 보내는 역할을 해 주는 신적이며 왕적인 인장이다. 우리가 그분과의 친밀함 속에서 하나가 됨에 따라, 우리는 또한 목적에서도 그분과 하나가 된다. 예수님은 "아버지께서 나를 보내신 것 같이 나도 너희를 보내노라"(요 20:21)고 말씀하셨다. 따라서 우리의 기도는 사실 우리를 통하여 아버지께 드려지는 그리스도의 기도이다. 그리스도께서 임명하시고, 구속의 목적을 가지고 파송된 사람들로서, 우리는 그리스도를 이 땅에서 대표하는 자들로 하나님께 나아간다. 그분의 '이름'은 그분의 사명과 일치하며, 그분의 사명은 세상의 잃어버린 자들이 구원을 받고, 상처 받은 자들이 치유를 받으며, 귀신 들린 자들이 자유롭게 되는 것을 보는 것이다.

언젠가 나는 나의 새로운 비서에게 어느 교회의 지도자인 내 친구에게 전화를 걸어 달라고 요청했다. 그녀는 다이얼을 돌렸지만, 그 친구가 너무 바빴기 때문에 그분과 연락을 할 수 없었다. 그녀가 그 상황을 나에게 설명했을 때, 나는 그녀가 프랜시스 프랜지팬을 대신하여 전화를 걸고 있다고 내 친구의 비서에게 언급했는지 물었다. 그녀는 그렇게 하지 않았다고 대답했고, 나는 그녀에게 다시 내 이름을 사용하여 전화하라고 이야기했다. 그때 그녀는 즉시 그와 통화를 할 수 있게 되었다. 왜냐하면 그는 나의 전화를 기다리고 있었기 때문이었다. 그녀는 나의 친구와 그녀 사이의 관계에 기초해서가 아니라, 그와 나와의 관계를 통하여 그에게 다다를 수 있게 되었다. 그녀가 그에게 제시한 것은 그녀의 필요와 요구가 아니라, 나의 것이었다. 내 비서는 그녀의 이름이 아닌, 내 이름으로 통화했기 때문에 목표로 했던 정보를 얻을 수 있었다.

이와 같이, 우리는 예수님과 하나님과의 완벽한 관계를 통하여 하나님께 나아간다. 가장 높은 수준에서 우리는 우리 자신이 아닌 그리스도를 대표한다. 우리가 예수님의 생각들과 동기들을 가지고 하나님께 나아오는 정도에 따라서 우리는 예수님의 목적을 성취할 수 있는 능력을 받는다.

기도할 때 예수님의 이름을 사용하는 것은(나의 욕구가 그리스도의 욕구와 일치하는 것을 제외하고) 우리가 무엇이든지 요청할 수 있으며, 우리가 바라는 것은 무엇이나 받을 수 있다는 것을 의미하지 않는다. 즉, 우리는 이기적인 기도의 끝 부분에 단지 "예수님의 이름으로 기도합니다"라는 종교적 추신을 덧붙인 후, 그러한 기도가 항상 응답되어지기를 기대할 수 없다는 말이다. 우리의 마음이 진정으로 그리스도의 목적들에 의해 움직이기 전까지는 우리의 기도가 하늘의 자원들로 응답되지 않을 것이다.

우리의 개인적인 필요들은 어떠한가? 우리의 가장 커다란 개인적인 필요는 예수님을 아는 것이다. 우리가 필요로 하는 모든 것이 공급되어지는 것은 우리가 그리스도와 그분의 말씀과 친밀해질 때 가능해진다. 우리가 먼저 하나님의 나라를 구하면, 우리가 이 땅에서 필요로 하는 모든 것이 우리에게 더해지리라고 예수님이 말씀하시지 않았는가(마 6:33 참고). 기도에 대한 우리의 확신은 아버지와 그리스도 사이의 관계로부터 오며, 우리의 기쁨은 그리스도와 우리의 관계로부터 온다.

우리가 그 안에 거하고 그의 말씀이 우리 안에 거함으로써 예수님을 진정으로 알게 되면 알게 될수록, 우리가 그분의 이름으로 아버지께 나아갈 때에 우리는 그분을 더욱 잘 나타내게 된다. 여기에서 그분은 우리에게 다음과 같은 약속을 주신다. "너희가 내 안에 거하고 내 말이 너희 안에 거하면 무엇이든지 원하는 대로 구하라 그리하면 이루리라"(요 15:7).

적에 대항하여

"그의 이름으로"라는 표현은 그리스도께서 영적 전투를 위해 우리에게 주신 권세에 대해서 말해 준다. 우리는 아버지께 그리스도의 관심사들을 고할 뿐 아니라, 그의 이름으로 악과 하나님의 계시된 목적에 저항하는 모든 다른 것들에 대항하여 권세를 사용한다. 그분의 이름 앞에 모든 사람들이 무릎을 꿇을 것이며, 모든 혀가 그분의 주 되심을 고백할 것이다.

우리는 그리스도의 대사들이다. 이 세상에서 대사들로 섬기는 사람들은 그들이 자기 나라 통치자의 관심을 대표하는 일을 숙달했기 때문에 선택받았다. 그들은 신뢰할 수 있는 사람들이라고 입증을 받은 사람들이다. 그들은 자기 지도자의 마음을 안다. 가장 훌륭한 대사는 자기 지도자의 의도를 가장 잘 대표하는 사람이다. 대사는 계속해서 자기 지도자의 지시를 따르기 때문에, 대사의 말은 왕의 말처럼 구속력이 있게 된다.

그래서 그리스도와 하나가 되는 것은 우리로 하여금 그분의 의지를 반영하고, 그분의 목적을 대표해 주도록 준비시켜 준다. 우리가 그리스도의 구원의 목적을 가지고 하나님의 보좌에 나아가든지, 아니면 그리스도의 영원한 심판을 받게 될 지옥의 견고한 진들을 공격하든지, 우리는 예수 그리스도의 이름으로 나아간다. 이것이 우리가 무엇이든지 구할 수 있고, 그 구한 것을 받을 수 있는 합당한 이유이다. 우리는 예수 그리스도의 권세로 나아간다. 예수의 이름 안에 거하는 것이 우리의 요새이다.

주 예수님, 어떤 이름을 당신의 이름과 비교할 수 있겠습니까? 제가 예배 중 당신의 이름을 말할 때, 그것은 제 입술에 꿀과 같습니다. 제가 전투 중에 당신의 이름을 말할 때, 그것은 어떤 적도 당해낼 수 없는 무기가 됩니다. 주님, 제 삶의 모든 영역에서 당신을 온전히 대표하며, 지금부터 당신 이름의 권세로 나아갈 수 있는 은혜를 주옵소서. 예수님의 이름으로 기도합니다. 아멘.

THE STRONGHOLD OF GOD

12장 이제 내가 주를 찬양하리이다

너희가 내 이름으로
무엇을 구하든지 내가 행하리니
이는 아버지로 하여금
아들로 말미암아 영광을 받으시게 하려 함이라
내 이름으로 내게 구하면 내가 행하리라.

요한복음 14:13-14

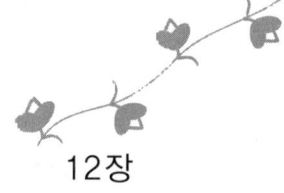

12장

이제 내가 주를 찬양하리이다

우리는 상처를 받지 않고는 인생을 살아갈 수 없다. 이 세상에서 당하는 고통과 실망은 필요 불가결한 것이다. 하지만 그러한 일들을 어떻게 다루는가 하는 것이 우리의 성격을 형성해 주고, 영원을 위해 우리를 준비시켜 주는 데 있어서 중요하다. 우리의 태도들은 다툼에서 우리가 보호받는 수준을 결정해 주는 중추적 인자가 된다.

우리가 직면하는 어려움에 관계없이, 그리고 우리가 범하는 그러한 실수에도 불구하고, 우리 삶의 마지막은 찬양과 감사로 가득 채워질 수 있다. 물론 비참함과 불평들로 가득 채워질 수도 있다. 우리의 삶을 마지막으로 결산할 때, 우리가 이 땅에서 경험한 것들은 우리가 성취하기를 원했던 소망들처럼 풍성하거나, 혹은 우리가 후회하는 것들처럼 고통스러운 것이 될 것이다.

성경은 말한다. "소망이 더디 이루어지면 그것이 마음을 상하게 하거니와"(잠 13:12). 이 땅에서 경험하는 그러한 깊은 실망들은 어떤 식으로든 우리를 결코 떠나지 않으려 한다. 그것들은 불처럼 우리 마음속으로 들어와서, 용암처럼 우리의 성품 안에 굳어진다. 우리가 경험한 퇴보들은 우리로 하여금 새로운 모험들을 두려워하게 하고, 새로운 친구들을 의심하게 할 수 있다.

우리가 받은 상처가 마음 문을 열지 못하게 한다. 우리는 새로운 관계들에 의해서 다시 상처를 받게 될까 봐 두려운 마음을 갖게 된다. 마음의 상처를 올바르게 처리하는 방법을 배우지 못하면, 우리는 점차적으로 화를 잘 내고 몹시 쓴 소리를 하는 사람이 된다. 우리는 살아 있다는 기쁨을 잃게 된다.

성취의 근원

우리 자신의 소망들과 그것들이 성취되어지는 정도에 따라서 기쁨이나 슬픔이 우리 삶 속에서 생성되어진다. 결혼이나 우정과 같은 기본적인 소망들조차도 그것들이 우리의 모든 에너지를 빼앗을 정도로 우리가 몰입해 있다면 우리를 노예로 전락시킬 것이다. 이러한 소망들이 악한 것인가? 그렇지 않다. 하지만 우리의 소망을 성취하는 것이 우리가 그리스도께로 나아오는 주된 이유라면, 우선순위가 바뀔 때까지는 우리의 삶이 개선되지 않을 것이다.

주님은 우리의 소망들을 성취시키는 일에 관심을 가지고 계시지만, 그렇게 하기 위해서 주님은 우리의 관심을 돌려서 우리의 마음을 그분께로 향하게 하려 하신다. 사실, 우리가 살아 있는 이유는 우리의 욕구들을 성취하기 위함이 아니라, 그분을 예배하는 자가 되기 위함이다.

개인적인 성취가 우상이 될 수 있다. 그것은 우리가 하나님을 위해 사는 것보다 행복을 위해 사는 커다란 집착으로 발전할 수 있다. 따라서 우리 구원의 과정 속에는 우리의 소망들이 그리스도에 의해서 우선순위가 정해지게 하는 과정이 포함된다. 산상수훈에서 예수님은 그것을 다음과 같이 표현하셨다. "너희는 먼저 그의 나라와 그의 의를 구하라 그리하면 이 모든 것을 너희에게 더하시리라 그러므로 내일 일을 위하여 염려하지 말라 내일 일은 내일이 염려할 것이요 한 날의 괴로움은 그날로 족하니라"(마 6:33-34). 하나님은 우리가 꿈꾸는 것 이상으로 우리를 만족시키시기 원하시며, 또 그렇게 하실 것이다. 하지만 그분이 우리 마음의 보좌에 앉기 전에는 그렇게 하시지 않을 것이다.

이것에 대한 좋은 예가 야곱의 첫 번째 아내인 레아의 삶 속에서 발견되어진다. 그녀의 남편은 그녀에게 매력을 느끼지 않았고, 그녀를 원하거나 사랑하지도 않았다. 야곱은 라헬(레아의 여동생)을 위해서 레아의 아버지인 라반을 7년 동안 섬겼었다. 하지만 결혼식 날 밤에 라반은 라헬 대신에 레아를 신혼 방에 들어가게 했다. 야곱은 결국 라헬과 결혼했지만, 그녀를 위해서 또 7년을 일해야만 했다. 그래서 야곱은 두 아내를 얻게 되었다.

성경은 라헬이 야곱의 사랑을 받았지만, 레아는 미움을 받았다고 기록하고 있다. "여호와께서 레아가 사랑받지 못함을 보시고…"(창 29:31).

우리는 하나님의 성품에 관해서 이것을 이해해야만 한다. 주님은 상처받은 사람들에게 마음을 쓰신다. "여호와께서…보시고." 이것이 얼마나 소중한 말인가! 물이 밑으로 흘러서 가장 낮은 곳을 채우는 것과 같이, 그리스도는 먼저 가장 낮은 자들을 채워 주기 위해서 상처받은 자들에게 다가가셔서 그들을 위로하신다.

주님은 레아가 사랑받지 못하는 것을 보셨다. 그분은 그녀의 고통과 외로움과 상한 마음을 보셨다. 레아는 비록 야곱의 사랑을 받지는 못했지만, 하나님에 의해서 깊이 사랑을 받았다. 그래서 하나님은 그녀에게 아들을 주셨다. 레아의 반응은 예견할 만한 것이었다. 그녀는 "이제는 내 남편이 나를 사랑하리로다"(32절)라고 말했다.

혼자 사는 것보다 더 힘든 것은 레아처럼 자기를 싫어하는 사람과 결혼하여 사는 것이다. 레아가 야곱이 라헬을 향해 가졌던 사랑을 자기에게도 나누어 주기를 얼마나 원했겠는가! 누가 그녀를 책망할 수 있는가? 레아의 욕구는 정당한 것이었다. 그녀는 야곱에게 첫 아들을 안겨 주었다. 레아는 하나님이 그녀의 태를 여셨다면 또한 야곱의 마음도 여실 수 있다고 마음속으로 생각했던 것 같다. 하지만 아직 때가 이르지 않았었다. 야곱은 여전히 그녀를 사랑하지 않았다.

레아는 두 아들을 더 낳았다. 그리고 그때마다 그녀의 소망은 그녀의 남편을 위한 것이었다. 그녀는 말했다. "내가 그에게 세 아들을 낳았으니 내 남편이 지금부터 나와 연합하리로다"(34절). 하지만 야곱의 마음은 여전히 그녀를 원하지 않았다.

여기에는 레아에게뿐 아니라 우리에게도 주는 좋은 교훈이 있다. 당신은 어떤 사람으로 하여금 당신을 사랑하게 할 수 없다. 사실 당신이 다른 사람으로 하여금 당신을 받아들이도록 압력을 가하면 가할수록, 그들은 더욱 당신을 거부할 것이다. 성취에 대한 레아의 개념은 야곱의 사랑을 쟁취하는 것이었고, 그녀의 문제는 계속해서 악화되고 있었다. 그녀는 야곱에게 매력을 발산하지 못했을 뿐 아니라, 질투함으로써 더욱 매력 없는 모습이 되었다.

우리는 하나님이 레아가 사랑받지 못하는 것을 보셨고 들으셨다는 것을 이 본문에서 세 번이나 읽을 수 있다. 하나님은 그녀의 고통을 이미 보셨다. 그녀가 야곱을 얻기 위해 분투하며 자신의 결혼 관계에 대한 실망을 겪고 있는 동안에 하나님은 그녀를 부드럽게 자기에게로 이끌고 계셨다.

레아가 네 번째 임신했을 때, 은혜의 기적이 그녀 안에서 일어났다. 그녀는 남편의 사랑을 받지 못할 때 하나님의 사랑을 받고 있다는 사실을 점차적으로 깨닫게 되었다. 그리고 이 네 번째 아이가 태어날 시간이 가까워지면서, 그녀는 하나님께 더욱 가까이 이끌리게 되었다. 그녀는 전능자를 예배하는 자가 되었다.

이제 또 다른 아들을 낳으면서, 그녀는 "내가 이제는 여호와를 찬송하리로다"(35절)라고 말한다. 그녀는 그 아이의 이름을 '찬송'을 뜻하는 유다로 지었다. 그리스도가 탄생한 것은 이 유다 지파를 통해서였다.

레아는 자기만족을 찾다가 오직 상한 마음과 고통만을 발견했었다. 하지만 하나님을 예배하는 자가 되면서, 그녀는 인생의 가장 고귀한 성취를 맛보게 되었다. 그녀는 하나님을 기쁘시게 하는 일을 시작했다.

인간의 영혼이 진정으로 변화되어서 하나님의 요새 안으로 들어가기 시작하는 것은 바로 이때이다. 그녀가 하나님 안에서 만족을 발견하자, 하나님은 인생이 그녀에게 갖다 준 질투와 불안정과 상한 마음을 제거하기 시작하셨다. 진정한 내면의 아름다움이 레아 안에서 자라기 시작했다. 그녀는 평안을 누리는 여자가 되었다.

이처럼 우리 각자는 직면하기를 꺼리거나 직면할 수도 없는 성격의 결함들을 가지고 있다. 다른 사람들이 이러한 것들을 우리 안에서 보아 왔지만, 그들은 우리에게 말할 용기를 갖고 있지 않았다. 우리 안에 있는 이러한 흠들이 우리를 조바심 나게 하고, 위협을 느끼게 하며, 성공하지 못하게 한다.

우리에게 필요한 것은 성공이나 자기 존중에 대한 상담이나 수업들이 아니다. 우리는 단지 우리를 향한 하나님의 사랑을 발견하면 된다. 우리가 모든 일들 속에서 그분을 찬양하기 시작할 때, 우리는 동시에 구원의 외투를 입게 된다. 우리는 그 외투를 입지 않았으면 우리를 멸망시켰을 것들로부터 구원을 받고 있는 것이다.

실망과 상한 마음이 우리 안에 함께 공존할 수 없다. 왜냐하면 우리는 하나님을 예배하는 자이기 때문이다! "우리가 알거니와 하나님을 사랑하는 자 곧 그의 뜻대로 부르심을 입은 자들에게는 모든 것이 합력하여 선을 이루느니라"(롬 8:28). 우리가 하나님을 지속적으로 사랑하면, 우리가 경험하는 그 어떤 것도 종국적으로는 해로운 것으로 나타날 수 없다.

생명나무

당신은 우리가 인용한 이 구절, "소망이 더디 이루어지면 그것이 마음을 상하게 하거니와"를 기억할 것이다. 그 구절은 다음 구절 "소원이 이루어지는 것은 곧 생명나무니라"로 맺어진다. 우리의 소망이 성취되어질 때 우리가 성취되어진다. 우리를 만족으로 채우는 것은 우리 소망의 성취이기 때문에, 보답받는 가치 있는 삶을 위한 비밀은 우리의 소망을 하나님께 맡기는 것이다.

하나님이 줄곧 그분을 위해 우리를 준비시키시면서, 그로 하여금 우리 성취의 시기와 수단을 결정하시게 하라. 인간이 본래 불완전하다는 사실은 진리이다. 하지만 그리스도 안에서 우리가 완전하게 되었다(골 2:10).

누군가는 "당신이 그렇게 말하기는 쉽지요. 당신은 멋진 아내와 가족을 가지고 있잖아요. 당신은 복을 받았잖아요. 하지만 당신은 내 문제를 이해하지 못하고 있어요"라고 말하고 싶을지도 모르겠다. 나는 그렇게 말하는 사람을 이해한다. 나의 멋진 결혼 생활은 첫 몇 년 동안은 매우 힘든 것이었다. 우리 부부도 처음에는 여러 가지 많은 이유들로 인하여 고전했었다. 아내와 나는 서로에게 만족을 느끼지 못하는 그러한 지점에까지 이르게 되었다. 하지만 레아처럼 우리 두 사람은 하나님을 바라보면서, "이번에는 우리가 하나님을 찬양합니다"라고 말했다. 사실, 우리는 우리 두 번째 아들의 이름을 레아가 자기의 네 번째 아들에게 준 유다로 지었다.

레아처럼, 우리도 인간관계를 맺을 때 서로 만족을 느끼지 못함에도 불구하고 하나님을 기뻐하기로 선택하였을 때 우리의 삶이 반전되기 시작한다. 우리가 그분을 예배하는 자가 되면, 그분은 우리가 그분에게 더 기쁨이 될 뿐 아니라, 우리가 또한 서로에게 기쁨이 될 때까지 우리 마음속에서 역사하기 시작하신다. 내가 당신에게 지금 말하고 있는 것이 우리의 결혼을 구하고 축복해 준 바로 그것이다!

시편 37편 4절은 "또 여호와를 기뻐하라 그가 네 마음의 소원을 네게 이루어 주시리로다"라고 기록하고 있다. 하나님을 기뻐하기 시작할 때 당신의 삶이 변화될 것이다. 실망과 슬픔의 부정적인 요소들이 당신 삶에서 완전히 떨어져 나갈 것이다. 하나님으로부터 오는 사랑과 기쁨이 당신을 채우기 시작할 때에, 당신의 영혼이 회복되어져서 아름답게 될 것이다.

그렇다. 예수님을 기뻐하라. 그러면 당신의 자기 파괴적인 성향들이 사라지기 시작할 것이다. 그리스도는 당신의 삶을 내면에서 밖으로 아름답게 하실 것이다.

레아의 인생의 열매

레아에게 어떤 일이 일어났는가? 오랜 시간이 흘렀다. 때가 되어서 라헬과 레아가 죽었다. 야곱은 죽기 전에 자기 아들들에게 다음과 같이 유언하였다.

> 그가 그들에게 명하여 이르시되 내가 내 조상들에게로 돌아가리니 나를 헷 사람 에브론의 밭에 있는 굴에 우리 선조와 함께 장사하라 이 굴은 가나안 땅 마므레 앞 막벨라 밭에 있는 것이라 아브라함이 헷 사람 에브론에게서 밭과 함께 사서 그의 매장지를 삼았으므로 아브라함과 그의 아내 사라가 거기 장사되었고 이삭과 그의 아내 리브가도 거기 장사되었으며 나도 레아를 그곳에 장사하였노라(창 49:29-31).

야곱은 레아를 영예로운 조상들의 장지에 묻었다. 얼마 되지 않는 이 단어들이 얼마나 많은 것들을 우리에게 말해 주고 있는가? 그 말들은 하나님이 이 고통당하는 자를 구원으로 아름답게 하셨다고 우리에게 말해 주고 있다. 레아가 하나님 안에서 성취를 발견한 후에, 하나님은 또한 야곱 안에서의 성취를 그녀에게 주셨다. 수년 동안 내면의 평화와 영적 아름다움이 레아에게서 비쳐졌다. 야곱은 사랑으로 레아에게 결합되었다. 레아가 죽었을 때, 그녀가 입술로 하나님을 찬양하며 웃으면서 떠났을 것을 상상하는 것은 그리 어려운 일이 아니다.

하나님을 예배하는 자가 되라! 당신의 소망을 하나님께 드릴 때, 그리고 당신이 그분을 최고의 자리에 앉힐 때, 그분은 당신이 그분에게 드리는 것을 취하여, 그것을 가장 적당한 시기에 가장 아름답게 만드실 것이다. 그분은 당신 안에서 굽고 균형이 맞지 않았던 것들을 취하여서, 그의 빛과 영광 안에서 당신을 올바르게 세우실 것이다.

따라서 오늘 당신의 영혼에게 하나님의 말씀을 선포하며 외쳐라. 당신 안에서 성취되지 않은 영역들에게 이번에는 당신이 하나님을 찬양할 것이라고 말하라!

주님, 저는 레아처럼 사랑스럽지도 않으며, 저를 거부했던 사람들의 사랑을 항상 추구해 왔습니다. 제가 얼마나 어리석었는지요! 제가 얼마나 눈이 멀었던지요! 당신을 떠나서는 이 세상에 사랑도 없고 성취함도 없습니다. 당신은 모든 소망들을 만족시키시는 생명나무이십니다. 당신은 제 마음을 치유하시는 분이십니다. 당신을 사랑합니다. 예수님의 이름으로 기도합니다. 아멘.

13장 감사하는 마음

여호와는 압제를 당하는 자의 요새이시요
환난 때의 요새이시로다
여호와여 주의 이름을 아는 자는 주를 의지하오리니
이는 주를 찾는 자들을 버리지 아니하심이니이다.

시편 9:9-10

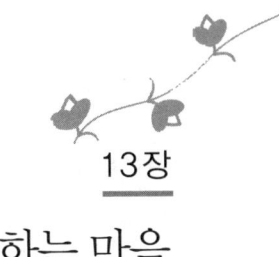

13장
감사하는 마음

당신의 삶의 질은 당신이 자신의 삶을 사랑하든 싫어하든, 그것과 상관없이 당신이 하나님을 향하여 얼마나 감사하느냐에 기초하고 있다. 우리의 태도에 따라 우리 삶이 축복으로 가득 차는가, 아니면 저주와 비참함으로 가득 채워지는가가 결정되어진다. 사실, 똑같은 장미넝쿨을 보면서도 어떤 사람들은 장미에 왜 가시가 있느냐고 불평하고, 또 어떤 사람들은 가시가 있는 것을 즐거워한다. 모든 것이 당신의 관점에 달려 있다.

이것이 당신이 영원으로 들어가기 전에 갖게 될 유일한 삶이다. 기쁨을 발견하기 원한다면, 먼저 감사함을 발견해야 한다. 심지어 작은 일에도 감사할 줄 아는 사람들이 많이 즐거워한다. 하지만 감사할 줄 모르는 사람들은 항상 비참한 생활을 하며, 또 항상 불평하는 삶을 산다. 그런 사람들은 하나님의 요새 밖에 산다.

아마도 우리의 최고의 적은 마귀가 아니라, 우리의 혀일 것이다. 야고보는 다음과 같이 우리에게 말한다. "혀는 곧 불이요 불의의 세계라 혀는 우리 지체 중에서 온 몸을 더럽히고 삶의 수레바퀴를 불사르나니 그 사르는 것이 지옥 불에서 나느니라"(약 3:6). 그는 이 불은 지옥에 의해서 점화된다고 말했다. 우리의 혀를 가지고 우리는 천국의 영 안으로 들어가든지, 혹은 지옥의 고통 안으로 들어가게 될 것이다.

불평하는 자들의 삶을 조절하는 것은 처벌과 고통과 비참함을 가지고 있는 지옥이다. 바울은 고린도전서 10장 10절에서 이 생각을 확장시키는데, 거기에서 '원망하다가 멸망시키는 자에게 멸망한' 유대인들을 우리에게 상기시켜 주고 있다. 우리가 공공연하게 불평하고 원망할 때마다, 사실 우리 삶의 질은 그것에 비례하여 떨어진다. 멸망시키는 자가 우리의 삶을 멸망시키고 있는 것이다.

사람들은 종종 나에게 "우리의 도시나 교회를 지배하고 있는 악한 영은 무엇입니까?"라고 묻는다. 그들은 내가 타락한 천사에 대한 고대 아랍어나 페니키아식 이름으로 대답할 것을 기대한다. 내가 그들에게 보통 말해 주는 것은 훨씬 더 실제적인 것이다. "우리 나라에 가장 지배적인 악한 영향력을 미치는 것들 중의 하나는 감사할 줄 모르는 마음입니다."

이 적의 힘과 교활함을 과소평가하지 말라. 바울은 어려움을 만나 불평하고 원망하는 유대인들이 "멸망시키는 자에게 멸망하였다"고 말했다. 이 멸망시키는 자가 누구인가? 성경에서 거론된 가장 강력한 영들 가운데 하나가 아바돈이며, 그의 헬라어식 이름은 아폴리온(Apollyon)이다. 이것은 '멸망시키는 자'라는 의미를 가지고 있다(계 9:11). 바울은 유대인들이 이 영에 의해서 멸망했다고 말했다. 즉, 우리가 불평하고 감사할 줄 모를 때 우리는 이 멸망시키는 자인 아바돈(지옥을 다스리는 악마들의 왕)에게 문을 열어 주는 셈이다.

하나님의 임재 안에서

우리나라의 수많은 사람들이 '고통의 과학'(science of misery)에서 전문가들이 되었다. 그들은 일순간에 사회가 그들에게 혹은 그들의 그룹에게 행한 모든 잘못들을 기록할 수 있는 숙련된 도덕 회계사들이다. 나는 이러한 사람들 중에서 행복하고, 축복을 받으며, 어떤 것에 대해서도 만족해하는 사람들을 만나 본 적이 없다. 그들은 불완전한 세상이 그들을 완벽하게 대해 주기를 기대한다.

나에게도 이런 모순이 많이 존재하고 있다. 하지만 우리 대부분은 단순히 감사할 줄 모르는 것에 대해 회개할 필요가 있다. 왜냐하면 상처들을 살아 있게 하는 것이 감사할 줄 모르는 바로 그 태도이기 때문이다. 우리는 단지 과거의 잘못들을 용서하고, 현재에 우리가 가지고 있는 것에 감사할 필요가 있다. 감사를 표할 때 우리는 영적으로 하나님의 임재 안으로 올라가기 시작한다. 시편 기자는 다음과 같이 말했다.

> 기쁨으로 여호와를 섬기며 노래하면서 그의 앞에 나아갈지어다…
> 감사함으로 그의 문에 들어가며 찬송함으로 그의 궁정에 들어가서 그에게 감사하며 그의 이름을 송축할지어다 여호와는 선하시니 그

의 인자하심이 영원하고 그의 성실하심이 대대에 이르리로다(시 100:2,4-5).

당신의 환경이 어떠하든지 그것은 문제가 되지 않는다. 당신이 하나님께 감사하자마자, 비록 당신의 상황이 변하지 않았다 할지라도 당신 자신이 변하기 시작할 것이다. 천국 문을 여는 열쇠는 감사하는 마음이다. 하나님의 궁정 안으로 들어가는 문은 당신이 단순히 하나님을 찬양하기 시작할 때 열린다.

감사하는 사람이 겸손한 사람이다

당신이 하나님을 안다고 생각하지만 그 앞에서 감사하는 삶을 살지 않는다면, 당신이 정말로 하나님을 아는지 의심해 보아야 한다. 감사하는 마음은 하나님을 영예롭게 한다. 종종 우리가 "하나님을 안다"고 말할 때, 우리가 정말로 의미하는 것은 우리가 하나님에 대한 사실들을 안다는 것이다. 하지만, 우리는 "내가 정말로 그분을 아는가?" 하고 스스로에게 물어보아야 한다.

바울은 하나님에 대한 이론들을 아는 것만으로는 영원한 생명을 얻기에 충분하지 않다고 경고한다. 그는 다음과 같이 말했다.

창세로부터 그의 보이지 아니하는 것들 곧 그의 영원하신 능력과 신성이 그가 만드신 만물에 분명히 보여 알려졌나니 그러므로 그들이 핑계하지 못할지니라 하나님을 알되 하나님을 영화롭게도 아니하며 감사치도 아니하고 오히려 그 생각이 허망하여지며 미련한 마음이 어두워졌나니(롬 1:20-21).

우리가 하나님을 알지라도 우리가 그분을 하나님으로서 존귀하게 여기지 않고 우리의 삶을 다스리는 분으로서 그분에게 감사하지 않는다면, 우리의 생각은 어리석어지고, 우리의 마음 또한 어두워질 것이다. 우리가 그러한 감사하지 않는 마음의 상태를 가지고 있을 때, 우리가 말하는 모든 단어들은 지옥에 의해 점화되는 불꽃이 되어서 이 세상에서 우리의 기쁨과 소망을 완전히 소화해 버릴 것이다.

H.W. 비처(Beecher)는 "교만이 감사를 살해하며…교만한 자는 좀처럼 감사하지 않는다. 왜냐하면 그는 결코 자기가 받아 마땅한 만큼을 받는다고 생각하지 않기 때문이다"라고 말했다. 우리는 오히려 우리가 받아 마땅한 것을 받지 않는 것에 감사해야 한다. 왜냐하면 우리 모두는 지옥을 받아 마땅하기 때문이다! 역경이나 작은 인생의 시련들이 다가올 때에 당신이 받아 마땅한 것을 받지 않는 것에 감사하라!

사실 하나님은 우리로 하여금 '항상 기뻐하고, 쉬지 말고 기도하며, 범사에 감사하는'(살전 5:16-18 참고) 법을 가르치기 위하여 문제들을 허락하신다. 작은 시련들이 하나님의 뜻인가? 그렇지 않다. 어려움 가운데 있을 때에도 기뻐하는 것이 바로 하나님의 뜻이다. 그리고 위기 가운데에서도 감사하는 태도를 유지하는 것이 하나님의 뜻이다.

하나님은 우리가 패배하기를 원치 않으신다. 왜냐하면, 우리가 '쉬지 않고 기도하는 것'이 그분의 뜻이기 때문이다.

하나님은 "어려움들을 받아 들이라"고 말씀하시지 않으셨다. 그분은 기도하고, 계속해서 즐거워하며, 소리 내어 감사하라고 말씀하셨다. 그렇게 할 때 당신의 환경들은 승리 안에서 조성되어질 것이다.

바로 이러한 일이 내가 사역 초창기에 겪은 큰 위기를 지나가는 동안에 나에게 일어났다. 나는 가난 속에서 실망한 마음과 싸우고 있었으며, 교회를 성장시켜야 된다는 부담으로 몸부림치고 있었다. 나는 내가 갈림길에 놓여 있다는 것을 알았다. 하지만 내가 더 많은 것을 받아 마땅하다고 생각하는 한, 나는 하나님이 이미 나에게 주신 것들에 감사하지 않을 수 없었다.

하나님이 우리가 원하는 것보다 더 적게 줄 때, 그것은 하나님이 우리에게 가난을 가르치기 위함이 아니라, 우리에게 감사를 가르치기 위함이다.

당신이 알듯이, 우리의 삶(진정한 삶)은 우리가 축적해 놓은 것에 기초하는 것이 아니라, 우리가 즐거워하는 것에 기초한다. 바로 그러한 환경들 속에서 하나님은 나에게 감사할 수 있는 많은 것을 주셨다. 하지만 내 마음이 잘못되어 있었기 때문에 나는 그것들을 볼 수 없었다. 내가 회개하고 그분이 나에게 주신 교회를 단순히 즐거워하기 시작했을 때, 나의 삶이 완전히 변화되었다.

하나님은 우리가 축복을 받고 번영하는 인생을 살기 원하신다. 하지만 우리가 우리를 다른 교회나 다른 사람들과 비교함으로써 혼란에 빠지면, 그분이 우리에게 주신 것에 어떻게 감사할 수 있겠는가? 우리는 단순히 감사해야 한다.

누군가가 이러한 말을 한 적이 있다. "감사하는 가난한 사람을 볼 때, 나는 그가 부자가 되면 반드시 관대한 사람이 될 것이라는 것을 안다." 감사하는 영은 관대한 영과 친족 관계이다. 왜냐하면 이 두 가지 영은 감사함으로 하나님의 번영의 부(富)를 받기 때문이다. 우리가 작은 것에 감사할 때 하나님은 우리에게 많은 것을 맡기실 수 있다.

시온에서 하나님이 빛을 발하셨다

"전능하신 이 여호와 하나님께서 말씀하사 해 돋는 데서부터 지는 데까지 세상을 부르셨도다 온전히 아름다운 시온에서 하나님이 빛을 비추셨도다"(시 50:1-2). 하나님은 시온에서 빛을 발하신다. 자기 백성을 언약을 통해 연합하자고 부르시는 분이 그의 임재로 자신의 피조물들을 아름답게 하는 바로 이 하나님이시다. 자기 백성들이 영화롭게 되는 일을 이루시기 위해서 하나님은 다음과 같이 말씀하신다. "나의 성도들을 내 앞에 모으라 그들은 제사로 나와 언약한 이들이니라"(시 50:5).

누군가와 언약을 맺는 것은 연합을 위한 가장 엄숙한 결속의 관계 안에 자신을 귀속시키는 것이다. 우리가 앞에서 이미 말한 대로, 언약은 약속 그 이상의 것이다. 그것은 두 생명체가 하나처럼 살겠다는 맹세이다. 하나님이 우리와 맺기를 원하시는 연합은 희생의 언약이라고 불린다.

이 언약은 제의적 예배 형태가 아니다. 이것은 황소와 숫염소를 드리는 유대인들의 희생 제사도 아니다. 이것은 시간과 방법을 초월하여, 살아 계신 하나님을 갈망하는 모든 사람들에게 미치는 것이다. 이것이 감사의 언약이다. 하나님은 말씀하신다.

> 나의 성도들을 내 앞에 모으라 그들은 제사로 나와 언약한 이들이니라 하시도다…산의 모든 새들도 내가 아는 것이며 들의 짐승도 내 것임이로다…감사로 하나님께 제사를 드리며 지존하신 이에게 네 서원을 갚으며…감사로 제사를 드리는 자가 나를 영화롭게 하나니 그의 행위를 옳게 하는 자에게 내가 하나님의 구원을 보이리라 (시 50:5, 11, 14, 23).

언약의 내용은 간단하다. 우리가 어떤 일에든지 그분께 감사하고 영화롭게 하기를 맹세한다. 그러면 그분은 완벽한 아름다움으로 우리의 삶에서 빛을 발하기로 맹세하신다. 이것이 감사의 제사이다. 왜냐하면 그것은 우리가 힘들 때에도 그분에게 찬양을 드려야 하기 때문이다. 그렇게 하는 것이 우리를 치유하며, 구원의 시작을 이룬다. 그분께 끊임없이 감사하라. 그분이 당신에게 준 은사들을 축복된 삶으로 여기며 은혜를 세어 보라. 그분께 감사할 때에 우리는 그분을 영화롭게 하는 것이다.

오늘 하나님은 자신의 백성들을 언약 관계 안으로 들어오라고 부르고 계신다. 이 언약 관계 안에서 우리는 감사하는 삶을 살겠다고 맹세하고, 그분은 우리를 통해 빛을 발하시겠다고 맹세하신다. 이 감사의 언약이 우리의 삶 속에 들어올 수 있는 악마의 출입구를 단단히 잠그는 열쇠이다. 그것은 하나님의 요새 안으로 들어가는 영광스러운 출입문이다.

주님, 제가 불평하는 삶을 살았던 것을 용서해 주소서. 제가 모든 일에 감사의 제사를 드릴 수 있도록 도와주소서.

주님, 오늘 저는 당신과 언약을 맺기 원합니다. 당신의 은혜로 저는 제가 처하는 상황에 관계없이 감사할 것입니다. 하나님, 당신의 언약을 통한 맹세를 기억하사, 저를 당신의 품으로 이끄소서. 예수님의 이름으로 기도합니다. 아멘.

THE STRONGHOLD OF GOD

14장 열매가 풍성한 골짜기

여호와의 이름은 견고한 망대라
의인은 그리로 달려가서 안전함을 얻느니라.

잠언 18:10

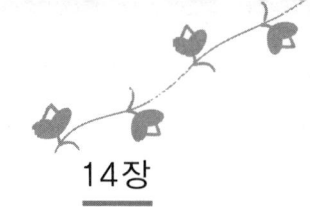

14장

열매가 풍성한 골짜기

우리가 직면하는 전투는 우리가 종종 약하고, 고통받으며, 혼란스러울 때에 강렬해진다. 우리 삶의 사건들을 그래프로 표시해 본다면, 그러한 시간들은 가장 낮은 골짜기로 표시되어질 것이다. 하지만 하나님은 우리가 어려운 시기를 통과하고 있는 동안에도 다른 때만큼 우리와 함께하신다. 사실, 이러한 골짜기를 지나는 시간들은 우리가 정상에 서는 경험들만큼이나 하나님의 계획 속에 포함되어 있기도 하다.

이 진리에 대해서 분명하게 말해 주는 이야기가 성경에 있다. 이스라엘은 산에서 싸운 전투에서 아람 군대를 대파했다. 열왕기상 20장에 다음과 같은 이야기가 있다.

> 그 선지자가 이스라엘 왕에게 나아와 이르되 왕은 가서 힘을 기르고 왕께서 행할 일을 알고 준비하소서 해가 바뀌면 아람 왕이 왕을 치러 오리이다 하니라 아람 왕의 신하들이 왕께 아뢰되 그들의 신은 산의 신이므로 그들이 우리보다 강하였거니와 우리가 만일 평지

에서 그들과 싸우면 반드시 그들보다 강할지라(왕상 20:22-23).

적군은 이스라엘의 하나님은 산의 신이므로, 그들이 골짜기(개역성경은 평지로 번역했음)에서 싸운다면 이스라엘을 이길 수 있을 것이라고 말했다. 28절은 다음과 같이 기록하고 있다.

그때에 하나님의 사람이 이스라엘 왕에게 나아와 말하여 이르되 여호와의 말씀에 아람 사람이 말하기를 여호와는 산의 신이요 골짜기의 신은 아니라 하는도다 그러므로 내가 이 큰 군대를 다 네 손에 넘기리니 너희는 내가 여호와인 줄을 알리라 하셨나이다 하니라(왕상 20:28).

적이 당신에게 무엇이라고 속삭이든, 그리스도는 산의 하나님이면서 골짜기의 하나님이시다. 그분은 당신이 골짜기를 통과하고 있을 때에도 당신의 하나님이시다. 그분은 그 능력과 기적들을 통해서 알 수 있듯이 영광의 하나님이시다. 골짜기에서 하나님은 자신을 우리에게 신실하시고, 어려움과 고난 속에서 우리에게 충성스러울 만큼 헌신하는 분이라는 것을 드러내신다. 우리가 무슨 일을 만나고 통과하든지 그분은 우리의 하나님이시다.

우리가 그리스도인으로서 '정상에' 서 있을 때, 우리는 우리의 미래를 분명하게 볼 수 있다. 우리는 하나님의 시각을 가지고 확신 속에서 살아가게 된다. 하지만 우리가 우리 인생의 골짜기들 가운데 하나를 통과할 때에는 우리의 시각이 제한되어지고, 미래가 없는 것처럼 보인다. 하지만 골짜기들은 또한 이 땅에서 가장 비옥한 장소들임을 알아야 한다.

골짜기들은 풍성한 열매들을 생산해 낸다. 당신은 하나님이 당신과 함께 골짜기에 거하실 때 거기에서 선한 것들에 대한 추수를 기대할 수 있다.

시온의 대로

주께 힘을 얻고 그 마음에 시온의 대로가 있는 자는 복이 있나이다 그들이 눈물 골짜기로 지나갈 때에 그곳에 많은 샘이 있을 것이며 이른 비가 복을 채워 주나이다(시 84:5-6).

바카(Baca)는 '눈물'을 뜻한다. 우리 모두는 우리의 마음과 소망들이 붕괴되어진 것 같을 때에 눈물 골짜기를 경험한다. 하지만 하나님이 우리 마음속에 '시온의 대로'를 두셨기 때문에 우리가 골짜기들을 통과해 나갈 수 있다. 우리는 그 골짜기들 안에서 사는 것이 아니다.

"눈물 골짜기로 지나갈 때…" 우리가 눈물 골짜기의 다른 쪽 끝에 서게 될 때, 우리의 구원자는 골짜기 경험을 '샘물'로 바꾸신다. 우리를 압도했던 바로 그것이 시간이 되면 우리를 새 생명으로 이끌어 줄 것이다. 우리가 성공과 능력의 높이를 경험하든, 혹은 약함과 절망의 골짜기를 경험하든, 신실하신 주님은 영원히 우리의 하나님이시다!

당신의 적이 당신으로 하여금 하나님의 사랑을 의심하게 하면서 당신을 고립시킨 적이 있는가? 우리가 아직 죄인 되었을 때, 그리스도께서 우리를 위해 죽으셨다는 것을 잊지 말라. 그분은 당신의 머리카락까지 세고 계신 분이다. 그분은 당신을 돌보고 계신다. 우리의 역경들을 회복시키는 것이 우리를 위한 그분의 사랑이다. 그 역경들은 우리를 해하려 했던 것들을 선으로 바꿀 뿐 아니라, 우리를 훈련시키는 도구가 되어 다른 사람들을 구원하도록 만드는 역할을 한다.

예수님은 위대한 일들을 하시기 위해서 어떤 준비를 했는가? 그분이 통과한 훈련의 일부분은 고난을 포함하고 있었다. 그리스도는 슬픔의 사람이었다. 그분은 비통함과 친숙한 사람이었다. 하지만 그분의 고통은 그분으로 하여금 인간들의 필요와 고통에 실제적으로 익숙해지게 하려는 아버지의 방법이었다. 예수님이 우리가 당하는 고통을 당하셨기 때문에 신실하신 대제사장으로서 섬길 수 있게 되었다. 그리스도가 우리 안에 온전히 형성되어질 수 있도록 우리가 하나님의 계획에 복종한다면, 하나님은 우리의 슬픔을 취하셔서 우리의 마음을 넓게 하실 것이다. 일단 비통함과 친숙해지기만 하면, 우리는 다른 사람들을 구원할 자비함으로 기름 부음을 받을 수 있다.

요셉을 생각해 보라. 그는 야곱의 아들들 중 두 번째 막내로 태어났으며, 야곱의 가장 사랑받는 아들이었다. 하나님과 그의 동행함은 꿈과 비전과 함께 시작되었다. 요셉의 생애는 하나님으로부터 부름 받은 많은 사람들을 위한 한 유형이다. 하나님이 우리와 동행하는 것 또한 꿈과 비전들(하나님은 그 꿈과 비전들 속에서 우리를 위한 그의 목적지에 대한 그림을 주신다)을 위한 '여행 안내서'와 함께 시작되었을지도 모른다. 하지만 우리는 그분의 약속들이 우리의 삶 속에서 어떻게 성취되어질지는 알 수 없다.

요셉의 형들은 요셉을 팔아넘겼다. 요셉은 보디발의 아내가 그를 유혹하려 했을 때 부당하게 고소를 당했다. 그는 감옥에 갇혔고, 하나님 외의 모든 사람들에 의해서 잊혀졌다. 그러한 순간에도 하나님은 인내를 가지고 요셉을 지켜보면서, 어려움에 대한 그의 반응을 관찰하셨다.

요셉은 가난하든 부하든, 축복을 받든 고통 가운데 거하든, 환경에 상관없이 하나님을 섬겼다. 그는 시험을 당하고 있었지만, 계속해서 그 시험들을 통과해 나갔다. 요셉은 사람들 앞에서 시험을 받고 있었지만, 하나님 앞에서 죄가 없다고 발견되어졌다.

마침내 때가 이르렀을 때, 하나님은 갑자기 요셉의 생애에 느슨한 모든 끝 부분들을 연결하셨다. 요셉이 통과한 모든 것들은 잔인하고 불공정한 것처럼 보였을지도 모른다. 그러나 하나님은 그의 목적을 위해서 한 인간을 만들고 계셨던 것이다. 하나님은 오직 그분만이 볼 수 있는 미래의 목적을 위해서 우리가 통과하는 모든 것들을 사용하신다. 우리가 골짜기에 있는 동안은 그의 궁극적인 계획을 보지 못한다. 따라서 우리는 하나님이 약속하신 것에 대한 믿음을 가지고 비전을 기억해야만 한다.

하나님이 요셉에게 많은 시련들을 허락하셨던 것처럼, 그분은 또한 우리가 큰 시험들을 통과하는 것을 허락하신다. 왜냐하면 하나님은 우리가 그분의 은혜를 통하여 얻은 우리의 삶이 다른 사람들로 하여금 그들의 삶 속에서 하나님의 요새를 발견하는 것을 도와줄 것을 아시기 때문이다.

"요셉이 그의 장자의 이름을 므낫세라 하였으니 하나님이 내게 내 모든 고난과 내 아버지의 온 집일을 잊어버리게 하셨다 함이요"(창 41:51). 하나님은 요셉으로 하여금 그가 당한 어려움과 고통을 잊게 하셨다. 모든 것이 합력하여 선을 이루게 하는 하나님의 역량에는 멋진 어떤 것이 있다. 우리 삶 속에 예수님이 함께하시면, 종국적으로 하나님이 과거의 모든 것들을 잊게 하는 때가 찾아온다는 것이 바로 그것이다.

"차남의 이름을 에브라임이라 하였으니 하나님이 나를 내가 수고한 땅에서 번성하게 하셨다 함이었더라"(창 41:52). 하나님은 요셉을 괴롭게 했던 바로 그것들 속에서 번성하게 하셨다. 당신이 고통 받는 곳 안에, 그리고 당신이 전투하는 곳 안에 하나님이 당신으로 하여금 열매 맺게 하는 장소가 있다.

지금 당신의 삶 속에서 가장 힘든 부분을 생각해 보라. 그 부분에서 하나님은 당신이 온전히 만족해하고, 하나님이 온전히 영광을 받으시는 방법으로 당신을 창성케 하실 것이다. 종국적으로, 하나님은 당신이 얻은 것들의 실체를 가지고 많은 다른 사람들을 만지실 것이다. 피상적인 세상에서, 그리스도는 깊고 살아 있는 어떤 것을 당신 안에서 만들어 내실 것이다.

하나님은 우리가 골짜기와 고통을 통과하지 않게 하실 것이라고 약속하지 않으셨다. 하지만 그분은 우리를 그러한 중에서 창성케 하실 것이라고 약속하셨다. 우리가 하나님 안에서 우리의 최종적인 목적을 달성하기 전에 골짜기를 통과할 것이라는 것은 의심할 여지가 없는 것이다. 우리가 고난 가운데에서도 믿음을 지키면, 예수 그리스도의 성품이 우리의 영혼 안에서 나타날 것이다. 그리스도가 우리 주위의 사람들에게 나타날 것이다. 그분은 당신의 삶을 다른 사람들을 위해 하나님의 요새를 여는 열쇠로 만드시기를 원하신다.

주님, 당신은 산과 골짜기의 하나님이십니다. 당신의 신실하심이 저의 방패이며 요새임을 고백합니다.
제 삶의 갈등들을 회복시켜 주심에 감사드립니다. 저를 치유하시고, 제 과거의 큰 상처들을 잊게 해 주심에 감사드립니다. 주님, 이제 제가 배운 것을 기억할 수 있도록 도와주옵소서. 제 삶의 위기들은 항상 제 삶이 풍요로워지기 전에 온다는 것을 저로 하여금 기억하게 하소서. 제 삶의 풍요로움의 장소가 제 수고의 땅에 있다는 것을 인식할 수 있도록 도와주소서. 예수님의 이름으로 기도합니다. 아멘.

THE STRONGHOLD OF GOD

15장 용서하는 마음

너는 공의로 설 것이며 학대가 네게서 멀어질 것인즉
네가 두려워하지 아니할 것이며
공포도 네게 가까이 하지 못할 것이라
보라 그들이 분쟁을 일으킬지라도 나로 말미암지 아니한 것이니
누구든지 너와 분쟁을 일으키는 자는 너로 말미암아 패망하리라
보라 숯불을 불어서 자기가 쓸 만한 연장을 제조하는 장인도
내가 창조하였고 파괴하며 진멸하는 자도 내가 창조하였은즉
너를 치려고 제조된 모든 연장이 쓸모가 없을 것이라
일어나 너를 대적하여 송사하는 모든 혀는
네게 정죄를 당하리니 이는 여호와의 종들의 기업이요
이는 그들이 내게서 얻은 공의니라 여호와의 말씀이니라.

이사야 54:14-17

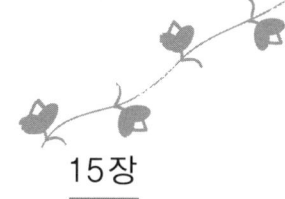

15장

용서하는 마음

이 시대의 마지막 때에는 서로 상반되는 두 세력이 세상에 등장할 것이다. 한 종류의 사람들은 쓴 마음과 분개와 증오로 가득 찬 사람들이다. 그리고 다른 종류의 사람들은 그들의 사랑이 더욱 풍성해지고, 하나님 나라의 능력을 경험하는 사람들이다. 예수님은 마태복음에서 이러한 현상들을 예언하셨다. "그때에 많은 사람이 실족하게 되어 서로 잡아 주고 서로 미워하겠으며 거짓 선지자가 많이 일어나 많은 사람을 미혹하겠으며 불법이 성하므로 많은 사람의 사랑이 식어지리라"(마 24:10-12). 그러나 "이 천국 복음이 모든 민족에게 증언되기 위하여 온 세상에 전파되리니 그제야 끝이 오리라"고 예수님은 덧붙이셨다(마 24:14).

이 '천국 복음'이 무엇인가? 그것은 예수님이 가져오신 모든 진리들로서, 우리를 죄에서 구원하는 것뿐 아니라, 우리를 그의 형상대로 창조하는 것이기도 하다. 그것은 모든 요구 사항들과 모든 보답들을 가진 온전한 복음으로서, 온전한 능력을 얻기 위한 온전한 가격이다. 그것은 인간이 소유할 수 있는 가장 영광스러운 보물이다. 그것을 소유하면 영광 중에 있는 하나님의 임재가 우리의 내면과 인간관계 속에서 나타난다.

따라서 우리가 이 위대한 사랑을 획득하기 위해서는 지속적으로 자비와 용서하지 않는 마음 사이에서 선택을 해야 한다. 용서하는 태도를 갖고 살지 않는다면 우리는 확실히 격분하는 영의 먹이가 될 것이다. 악한 것과 거룩한 것이 동시에 장성하게 하는 것이 하나님의 계획이 아니라면, 우리는 쓴뿌리와 용서하지 않는 마음으로 반응하지 않기 위해서 우리의 마음을 미리 지켜야 한다. 증가하는 불법은 확실히 우리로 하여금 사랑을 잃게 할 것이다.

하지만 우리는 이 잔인한 세상에서 단순히 살아남기 위해서 종종 사랑을 주면 상처받지는 않을까 하고 두려워하면서 물러난다. 우리는 세심한 선택적인 사랑을 선택하면서 동시에 또한 하나님 나라의 능력을 가지고 살 수는 없다. 고통을 모면하기 위해서 우리는 무의식적으로 사랑을 차단한다. 왜냐하면 우리를 상처받게 하는 것이 사랑이기 때문이다. 하나님은 우리의 사랑이 차가워지는 것이 아니라, 뜨거워지기를 원하신다.

예수님은 우리가 우리의 적들을 신뢰해야 한다고 말씀하신 것이 아니라, 그들을 사랑해야 한다고 말씀하셨다. 당신은 그렇게 해야 하는 '이유'를 묻고 싶을 것이다. 하나님이 어려운 일들을 허락하시는 이유 가운데 하나는 우리를 시험하시기 위함이다. 그분은 우리 기독교가 단순히 지적인 추구인지, 아니면 예수님을 따르는 것이 진실로 우리 마음의 가장 뜨거운 열망인지를 보고 싶어 하신다. 따라서 그분은 우리에게 "원수를 사랑하며 너희를 박해하는 자를 위하여 기도하라"(마 5:44)고 말씀하신다.

대부분의 사람들이 거부 당하고 배신 당한 경험이 있을 것이다. 하지만 주님은 실패하지 않는 방법이 있다고 말씀하신다. 계속해서 사랑하면 된다. 극심한 고통을 경험했지만, 자신을 상하게 한 사람들을 용서하면 시험을 통과한 것이다.

당신은 아직 다른 사람을 용서하지 않았거나, 사랑하지 않는 사람들이 있을 것이다. 아마도 당신이 옳을지도 모른다. 그들은 당신의 용서를 받아 마땅한 사람들이 아닐지도 모른다. 하지만 당신은 당신의 분노가 가져오는 결과를 깨닫지 못하고 있다.

용서하기를 거부하는 한 당신의 일부분은 과거에 갇혀 있기 때문에, 이미 받은 상처가 지속적으로 당신의 기억 속에 떠오를 것이다. 당신이 상처를 받은 날이 찾아오기만 해도 우울증과 불길한 예감이 당신 안에 일어나기도 할 것이다. 당신이 용서할 때까지 당신은 당신의 삶을 실현할 수 있을 만큼 충분히 자유함을 누리지 못할 것이다.

우리가 하나님과 진정한 교제를 나눌 수 있는 한 가지 방법이 있는데, 그것은 '지금 여기에서'이다. 하지만 당신의 마음이 용서하지 않는 상태에 머물러 있으면, 당신은 '여기'에도 '지금' 이 순간에도 거하지 않는 셈이다. 당신이 과거 속에 살 때, 당신은 하나님으로부터 단절된다. 그들이 당신에게 한 행위는 이미 끝났다. 그것은 당신의 마음속 외에는 어떤 실체나 생명력을 갖고 있지 않다.

당신 안에 아직도 과거의 상처로 인한 다툼이 존재하고 있다면 당신은 그것에 의해서 여전히 영향을 받고 있는 셈이다. 당신에게 상처를 입힌 사람은 오래전에 죽었을지도 모른다. 그 사람을 책망할 수는 없다. 왜냐하면 당신의 상처를 계속해서 살아 있게 하는 것은 바로 당신이기 때문이다!

상처는 당신의 영적 생활에 영향을 미칠 뿐 아니라, 당신의 신체적 건강에도 영향을 미칠 것이다. 누군가가 당신에게 가한 부담을 계속 짊어지고 있다면, 그 사람에 대해서 생각할 때마다 당신의 위산은 증가하고, 당신의 근심도 증폭될 것이다.

당신을 아프게 한 사람들을 용서하지 않는다면, 당신은 당신이 가지고 있는 사랑의 역량을 큰 폭으로 잃게 될 것이다. 그들이 용서받을 만한 자격이 있든 없든, 당신은 더 나은 삶을 살 수 있는 자격이 있다. 그리고 하나님은 당신이 더 나은 삶을 살기를 원하신다. 하지만 용서하지 않는 어떤 마음을 가지고 있는 한 당신은 풍성한 삶을 즐길 수 없다. 왜냐하면 당신은 당신에게 상처를 준 어떤 것에 묶여 있고, 당신의 용서하지 않는 마음이 당신을 계속 괴롭힐 것이기 때문이다.

어떻게 그 감옥에서 나올 수 있는가? 당신은 당신의 영혼을 위한 하나님의 보호를 어떻게 받을 수 있는가? 하나님은 당신에게 용서하라고 말씀하신다. 당신은 당신의 고통 가운데에서 당신에게 내미는 하나님의 손을 바라보아야 한다. 그분은 당신의 성품을 온전케 하기 위해서 그 특별한 역경을 이용하여 당신의 그러한 내면의 갈등을 회복시키기 원하신다. 그것이 하나님이 당신을 그리스도와 같이 만들기 위하여 사용하시는 바로 그 사건인 것이다.

당신이 "아버지, 제가 사랑하기로 선택합니다. 제가 용서하기로 선택합니다. 제가 그 사람에 대한 용서하지 않는 마음과 쓴뿌리를 잊고, 그것을 붙들지 않기로 선택합니다"라고 말할 때마다, 당신은 그리스도의 성품을 취하는 것이다. 즐거워하라! 예수님은 당신의 마음을 받아 주실 것이다. 당신은 하나님의 요새 안으로 들어가고 있다.

주님, 저는 주님이 저를 용서하신 모습 속에서 다른 사람들을 제가 어떻게 용서해야 하는지에 대한 정보를 알게 되었습니다. 주님, 당신은 당신에 대해 거짓말을 한 바리새인들을 용서하셨습니다. 당신은 당신을 조롱하고 못 박은 군인들을 용서하셨습니다. 당신은 당신의 제자들이 당신을 부인하고 배반할 것을 아셨지만, 그들의 마음이 동요되지 않도록 격려하셨습니다.

당신은 그들을 용서하셨을 뿐 아니라, 또한 그들을 위해 죽으셨습니다. 당신은 당신의 마음을 우주만큼 크게 여시고, 우리가 하나님과 화해할 수 있도록 환영하셨습니다. 용서할 수 있는 능력과 다른 사람들을 위해 제 생명을 내어 줄 수 있는 능력과 당신을 그렇게 의롭게 한 사랑을 알 수 있는 능력을 주옵소서. 예수님의 이름으로 기도합니다. 아멘.

THE STRONGHOLD OF GOD

16장 사랑: 하나님의 예방법

사랑하는 자들아 우리가 서로 사랑하자
사랑은 하나님께 속한 것이니
사랑하는 자마다 하나님으로부터 나서 하나님을 알고
사랑하지 아니하는 자는 하나님을 알지 못하나니
이는 하나님은 사랑이심이라…
하나님이 우리를 사랑하시는 사랑을 우리가 알고 믿었노니
하나님은 사랑이시라
사랑 안에 거하는 자는 하나님 안에 거하고
하나님도 그의 안에 거하시느니라
이로써 사랑이 우리에게 온전히 이루어진 것은
우리로 심판 날에 담대함을 가지게 하려 함이니
주께서 그러하심과 같이 우리도 이 세상에서 그러하니라.

요한일서 4:7-8, 16-17

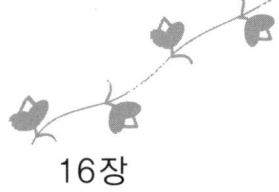

16장

사랑: 하나님의 예방법

우리 각자가 그리스도 앞에 서야 할 때가 올 것이다. 그리고 예수님은 '과거의 모습'(reality past)이라고 불리는 문을 열어 줄 것이다. 거기에서 우리는 이 땅에서 산 날들을 보게 될 것이다. 예수님은 우리의 삶을 일반적으로 칭찬하실 뿐만 아니라 우리가 행한 특별한 일들을 지적해 주실 것이다. 그분은 우리와 함께 즐거워하면서 "참 잘했다"라고 말씀하실 것이다. 아마도 마음의 쓴뿌리를 가진 사람을 하나님께로 돌아서게 하는 선한 행위가 있었을지도 모른다. 혹은 자신의 두려움들을 극복하고, 하나님이 많은 사람들을 얻기 위해서 희생제물로 사용하신 그리스도에게로 어떤 사람을 인도했을지도 모른다.

라틴 번역에 의하면, "참 잘했다"(well done)라는 말은 "브라보"(Bravo)라는 단어로 표현되어 있다. 당신은 예수님이 당신에 대하여 어떤 말을 하시길 원하는가? 예수님이 당신의 어깨 위에 손을 얹으시고, "브라보! 너는 그냥 평범한 사람이었지만 나를 신뢰했구나. 너는 두려움 없이 사랑하는 방법을 배웠구나. 우리가 얼마나 많은 사람들의 마음을 함께 만졌는지 보거라" 하고 말씀하시는 장면을 상상해 보라. 우리가 그리스도께 큰 기쁨이 되어서, 그분이 우리가 그분께 드린 생명으로 인하여 기뻐하는 것이 우리의 최상의 목표가 되어야 한다.

압박받는 상황 속에서 사랑하기

하지만 여기 악마들로 가득 찬 세상에서는 악마들이 사람들을 지배하고 있고, 모든 종류의 갈등들을 일으키고 있기 때문에, 우리는 그리스도의 생명을 발견해야만 한다. 사실 예수님은 대환난(Great tribulation)에 대해서 경고해 주셨다. 환난이라는 말의 의미 가운데 하나가 '압박' 이다. 오늘날에도 스트레스와 압박이 사람들에게 가중되고 있지 않은가? 이러한 긴장들에도 불구하고, 하나님은 우리를 부르셔서 계산하지 말고 사랑하라고 말씀하신다. 이 시대의 스트레스를 사랑을 가지고 반격하지 않으면, 우리는 그러한 공격들의 무게에 짓눌리게 될 것이다.

구겨진 통조림 깡통으로 가득 찬 슈퍼마켓 쇼핑 수레를 본 적이 있는가? 구겨진 깡통 대부분에는 상표가 떨어져 있다. 당신은 단 1달러나 2달러를 주고 그것들 중 약 6개는 살 수 있을 것이다. 깡통이 구겨지는 이유는 종종 그 깡통 밖의 주변 압력이 그 깡통 안의 압력보다 세기 때문이다. 즉, 그 깡통은 압력을 견딜 수 없었던 것이다.

이와 비슷하게, 우리는 바깥에서 우리를 짓누르려 하는 압력들과 동등한 힘으로 안에서 밖으로 미는 적극적인 힘을 가지고 있어야 한다. 우리는 우리를 통해 쏟아져 나오는 하나님의 사랑의 압력을 가지고 있어야 한다. 이 압력이 이 세상의 증오와 마음의 쓴뿌리라는 압력을 중화시킬 것이다.

사랑이 하나님의 예방법이다. 사랑이 마귀의 힘과 우리 주위에 있는 세상의 힘보다 강한 힘으로 우리의 영혼을 감쌀 것이다. 사랑이 우리가 균형을 유지할 수 있도록 도울 것이다. 사랑은 우리 세상에 존재하는 저항으로부터 우리를 보호해 줄 것이다. 사랑이 가장 높으신 분의 피난처이다. 사랑이 하나님의 요새의 실체이다.

주님, 제가 당신의 사랑 외에 다른 보호 수단을 찾으려 했던 것을 용서해 주옵소서. 압박들이 제 삶에서 증가하고 있습니다. 스트레스가 제 삶에서 매일매일 증폭되고 있습니다. 주님, 저에게 영원한 평형장치인 사랑을 주옵소서.

저로 하여금 당신께 복종하는 삶을 살게 하사, 당신의 사랑의 능력이 끊임없이 제 영혼으로부터 흘러나오게 하소서. 예수님의 이름으로 기도합니다. 아멘.

THE STRONGHOLD OF GOD

17장 참소하는 자로부터 보호받기

볼지어다 하나님께 징계받는 자에게는 복이 있나니
그런즉 너는 전능자의 징계를 업신여기지 말지니라
하나님은 아프게 하시다가 싸매시며
상하게 하시다가 그의 손으로 고치시나니
여섯 가지 환난에서 너를 구원하시며
일곱 가지 환난이라도 그 재앙이 네게 미치지 않게 하시며
기근 때에 죽음에서, 전쟁 때에 칼의 위협에서
너를 구원하실 터인즉 네가 혀의 채찍을 피하여 숨을 수가 있고
멸망이 올 때에도 두려워하지 아니할 것이라
너는 멸망과 기근을 비웃으며 들짐승을 두려워하지 말라
들에 있는 돌이 너와 언약을 맺겠고
들짐승이 너와 화목하게 살 것이니라
네가 네 장막의 평안함을 알고
네 우리를 살펴도 잃은 것이 없을 것이며
네 자손이 많아지며 네 후손이 땅의 풀과 같이 될 줄을 네가 알 것이라
네가 장수하다가 무덤에 이르리니
마치 곡식단을 제때에 들어올림 같으니라
볼지어다 우리의 연구한 바가 이와 같으니
너는 들어 보라 그러면 네가 알리라.

욥기 5:17-27

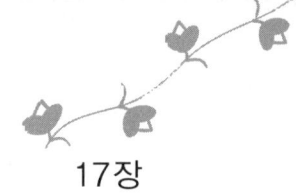

17장

참소하는 자로부터 보호받기

당신은 비난받을 때 어떤 반응을 보이는가? 우리는 '혀의 채찍'(욥 5:21)으로부터 자신을 어떻게 보호하는가? 참소함을 받는 것으로부터 피할 수 있는 요새가 어디에 있는가? 하나님의 일을 성공적으로 감당하려면, 당신은 사탄의 무기고에서 가장 치명적인 무기들 가운데 하나인 '비난하는 혀'로부터 피할 수 있는 하나님의 피난처를 발견해야 한다.

우리가 알고 있듯이 사람들은 어찌 됐든 우리에 대해서 수군거릴 것이다. 당신은 변화를 일으키지 않고는 하나님의 뜻을 이룰 수 없다. 그리고 변화는 항상 누군가를 넘어지게 할 것이다. 사실 예수님은 모든 사람들이 우리에 대해서 좋은 말을 할 때 우리가 조심해야 한다고 말씀하셨다. 예수님은 우리가 두 주인을 섬길 수 없다고 말씀하셨다. 우리가 진정으로 그분을 기쁘게 하려면, 우리는 모든 다른 사람들을 기쁘게 하려 함으로써 혼란에 빠져서는 안 된다.

동시에 하나님의 말씀을 가르치고, 그분의 백성들을 위해 사역하는 사람들에 대항하는 마귀의 전략이 있다. 사탄의 작전은 목자를 파멸시키는 일에 초점을 둘 뿐 아니라, 또한 양 떼들을 흩어지게 하려는 목적을 가지고 있다. 사탄의 공격이 성공적이면, 그 전투에 관여된 모든 사람들은 차가운 사랑과 굳어진 마음을 가지게 될 것이다.

나는 각 사람들이 똑같은 가르침에 다르게 반응할 수 있다는 것이 놀라운 일임을 발견하곤 한다. 어떤 사람은 힘을 얻고 사기가 진작되지만, 어떤 사람들은 하나님의 축복을 놓칠 뿐 아니라, 실상 관련이 없는 쓸데없는 말을 듣고 상처를 받기도 한다.

어떤 사람들은 설교자를 너무 좋아한 나머지 망치와 끌을 들고 그 사람의 상을 만드는가 하면, 또 어떤 사람들은 그 설교자를 십자가에 못 박기 위해서 망치와 못을 들기도 한다. 그 사람이 주님에 의해서 지탱을 받지 못한다면, 그에 대항하는 압박들에 의해 짓눌림을 받게 될 것이다.

대부분의 사람들은 목회자도 단지 또 하나의 다른 그리스도인이라는 사실을 기억하지 못한다. 목회자는 슈퍼맨이 아니다. 총알(그리고 언어들)들이 그의 가슴을 뚫고 들어가면 들어갔지, 튀어나오지는 않는다. 그는 잔인하고 해로운 말들에 상처를 받지 않는 그런 사람이 아니다. 그는 그리스도의 몸 안에서 살아 계신 하나님을 섬기라고 부름을 받은 불완전한 사람이다. 하지만 그는 여전히 한 명의 인간일 뿐이다.

대부분의 사람들에게 있어서, 교회는 사람들이 하나님을 예배하러 가고, 가르침을 받으며, 교제를 나누기 위한 장소이다. 하지만 하나님의 남종과 여종에게 있어서 교회는 하나님의 정원이다. 목회자가 하는 대부분의 일들은 강대상에서가 아니라, 개인적인 관계 속에서 사랑과 신뢰를 가꾸는 전달되지 않는 섬김 속에서 이루어진다.

하나님에게 있어서, 교회는 잘 알고 지내는 사람들이나 교리적으로 일치하는 신자들이 만나는 장소를 훨씬 뛰어넘는 그 이상의 것이다. 아버지 하나님께 있어서 교회는 살아 있는 성전, 즉 그의 아들의 영을 위한 인간이라는 집이다. 성경은 하나님이 우리를 특정한 교회에 두셨을 때, 그것은 실상 하나님께 기쁨을 주었다고 말한다(고전 12:18). 성령님과 함께 목사와 장로들은 교회가 하나님의 사랑과 올바른 관계를 맺게 하기 위해서 일하며, 그 후에 그 사랑을 온 도시에 퍼져 있는 교회들에 나누어야 한다.

하나님은 사람들이 한 교회에서 다른 교회로 이동하는 영예로운 방법들을 제공하셨다. 누군가 자기 자신의 교회를 시작하기 위해서 한 교회를 떠나기 원하면, 하나님의 안수를 받고 파송되어지는 합당한 방법들이 있다(행 13:1-3). 흠을 잡고 교회가 갈라지게 하는 것은 합당치 않다. 어떠한 일들이 올바르게 질서대로 행해질 때에 사람들이 교화될 것이다.

하지만 악한 험담에 의해서 관계가 단절되어지고 파멸되어질 때, 혹은 발전되고 있는 신뢰가 비난과 험담을 통해서 불신으로 바뀔 때에는 하나님이 분노하신다(잠 6:16-19). 그리고 하나님의 마음이 상한다면, 죄가 초래하는 다툼들로부터 그의 종들이 초연해하는 것이 얼마나 더욱 어렵겠는가?

정답

그렇다면 하나님의 종들이 살아남기 위한 기본적인 필요와 하나님을 기쁘시게 하기 위한 책임 사이에서 어떻게 균형을 유지할 수 있는가? 정답은 그리스도의 사랑을 옷 입는 것이다.

수년 전에, 나는 많은 사람들이 나를 비난의 대상으로 삼았던 어려운 시간을 통과한 적이 있었다. 당신을 사랑하여 당신을 가르치고 도와주는 사람들을 통하여 나오는 건설적인 비평들이 있는가 하면, 당신을 바로잡기 위함이 아니라 당신을 파멸시키려는 의도를 가진 분노의 영을 통하여 나오는 비평들도 있다. 내가 위의 사람들과 가졌던 관계는 후자의 형태였다.

솔직히 말해서, 나는 내 삶 속에 균형이 맞지 않는 영역이 있었다는 것을 확신한다. 그들의 비평 중 일부는 정당한 것이었다. 하지만 그들이 말했던 많은 부분들이 내 등 뒤에서 다른 사람들에게 전해졌다. 우리 성도들은 그 사람들에 의해서 동요되어지고 있었다. 내가 설명하거나 용서를 구하며 회개할 수 있었던 그 어떤 것들도 그들을 잠잠케 할 수 없었다.

3년 동안 내가 주님을 찾았지만, 그분은 그들의 고발에 대해서 나의 결백을 입증해 주지 않으셨다. 대신에 하나님은 나를 다루시기 시작하셨다. 그분은 내 영혼의 깊은 곳까지 다다르셔서 내 삶의 숨겨진 부분들을 만지시기 시작하셨다.

  주님과 논쟁 중에 있던 것은 내 죄가 아니라, 내 '자아'(self)였다. 성경은 우리의 죄악들이 우리 앞에 있다고 말한다(시 51:3). 나는 이것들을 볼 수 있었다. 하지만 나는 내 자신의 영혼에 대하여 알지 못하고 있었다. 주님은 이 비평이 내 자신의 교리적 해석이나 죄악들보다 훨씬 깊고 훨씬 근본적으로 잘못된 것을 드러낼 때까지 지속되어지는 것을 허락하셨다. 이 비평이 나를 폭로시켰다.

  성령님은 내가 사람들의 비평들에 의해 얼마나 쉽게 흔들리며 내 안의 평안이 사람들의 승인이나 거부에 의해서 얼마나 많이 좌우되는지를 보여 주기 시작하셨다. 내가 아무리 많이 기도할지라도 하나님은 나의 적으로부터 나를 구원하지 않으셨다. 하나님은 마귀에게 쉽게 점령되는 내 안의 연약한 부분들을 죽임으로써 나를 구원하셨다. 그리고 하나님은 나에 대한 비평을 사용하여 그 일을 이루셨다.

  하나님도, 마귀도 내가 죽기를 원한다는 것을 깨달은 그날을 나는 결코 잊지 못할 것이다. 물론, 양쪽의 입장은 다르다. 사탄은 중상모략을 통하여 나를 파멸시키기를 원하며, 사람들에게 끊임없이 '나의 입장'을 설명하게 함으로써 내가 녹초가 되기를 원했다. 반면에 하나님은 마귀에 의해 쉽게 흔들리는 내 영혼의 연약한 부분을 십자가에 못 박기 원하셨다.

  내가 사람들이 나에 관해서 하는 말에 대해 죽을 때까지 이 전투가 끝나지 않을 것이라는 사실을 깨달은 날은 내 생애를 바꿔 놓는 축복의 날이 되었다. 마침내 내가 진정으로 하나님의 종이 된 것은 아마도 바로 그 순간이 아닌가 싶다.

오늘, 나는 그 끔찍했던, 하지만 멋진 시간들 동안에 하나님이 나에게 하신 것들을 두려운 마음으로 바라본다. 내가 글로 쓴 것들이 수백만 사람들의 삶에 영향을 끼칠 때가 올 것이라는 것을 하나님은 알고 계셨다. 사람들의 칭찬에 대한 예방 접종으로서, 하나님은 내가 사람들에 의해 지배 당하는 것을 멈출 때까지 사람들의 비난으로 내게 세례를 베푸셨다.

내 말을 오해하지 않기를 바란다. 나는 다른 사람들에 의해서 나에게 제기된 것들에 관해서 정직하게 기도한다. 그리고 나는 다른 지도자들에게 해명할 의무를 가지고 있다. 나는 심지어 나에게 내 삶과 일에 대해서 비평적 분석을 해 주는 직원을 두고 있다. 하지만 나는 더 이상 사람에 의해서 지배 당하지 않는다. 나는 하나님의 기쁨을 위해 산다. 그리고 내가 어쩌다 사람을 기쁘게 한다면, 그것은 나의 사업이 아니라 그분의 사업인 것이다.

피난처 되는 십자가

하나님의 구속의 능력에는 아주 놀라운 어떤 것이 있다. 어떤 어려움이나 마귀의 계략, 그리고 고소가 우리를 뒤따른다 해도 사탄이 사용하는 모든 것들은 하나님의 사랑에 의해서 구속되어질 수 있다. 그러면 그 구속되어진 것은 우리를 온전케 하는 일에 사용되어질 것이다. 우리가 하나님을 신실하게 찾는다면, 역경은 하나님을 향한 우리 마음의 불 위에 부어지는 휘발유와 같이 될 것이다. 단지 살아남기 위해서 우리는 하나님의 임재의 불꽃 안으로 더 깊이 끌려 들어간다.

사람들이 나를 중상모략할 때, 이것이 하나님이 나를 그분의 마음 더 가까운 곳으로 이끌기 위해서 사용한 것이었다. 성경 공부와 교회 출석이 중요하지만, 나의 자아가 가장 깊은 죽음을 맛보게 하며, 나를 하나님께 가장 가까이로 이끈 것은 역경이었다. 나는 나의 적들을 진심으로 사랑하게 되었다. 나는 그들이 없었다면 이 축복의 장소에 도착할 수 없었을 것이다.

나는 왜 예수님이 "의를 위하여 박해를 받는 자는 복이 있나니 천국이 그들의 것임이라"(마 5:10)고 말씀하셨는지를 알게 되었다. 예수님은 우리가 핍박을 당하거나, 정신적 학대나 신체적 학대를 당하고 있을 때에 우리가 '천국'을 외적으로 경험할 것이라는 것을 말씀하신 것이 아니다. 하지만 하나님은 내적으로 우리의 영혼을 강하게 하시고, 사람들의 칭찬에 중독되는 것을 막으시며, 그리스도를 위해 살 수 있도록 우리를 해방시키신다.

하나님은 자신의 지혜로 우리에게 두 가지 선물을 주신다. 하나는 새로운 성품이며, 또 다른 하나는 우리의 옛 성품을 죽일 수 있도록 독특하게 고안되어진 십자가이다. 그 십자가를 지기 시작하는 순간에 우리는 하나님의 요새 안으로 들어간다.

우리는 이 진리를 배워야 한다. 하나님은 우리의 옛 성품이 살아 있기를 원치 않으신다. 그분은 사실상 십자가에 못 박혀야 하는 우리에게 속하는 것들을 개선시키는 것을 원치 않으신다. 대신에 그것들이 완전하게 죽기를 원하신다. 우리의 옛 성품은 타락했으며 적에 대항하여 아무런 저항도 할 수 없을 뿐 아니라, 육신은 마귀와 친하며 마귀에 의해 아주 쉽게 점령당한다.

하지만 새로운 성품의 특징은 그리스도 그 자체이다. 내 안에서 살아 계신 주님이 사랑하라고 명령하시는데, 내가 어떻게 내 이웃을 고발할 수 있겠는가? 그럼에도 불구하고 내가 불평을 한다면, 나는 나의 옛 성품을 나의 증인이 되게 하기 위해서 죽음에서 일으킬 것인가? 나는 참소자의 목소리를 듣기 위해서 그리스도를 침묵시킬 것인가?

당신이 알다시피, 내가 주님의 종이 되려면, 나는 공격을 받을 때에 십자가에서 하신 주님의 기도를 반복해야 한다. "아버지 저들을 사하여 주옵소서 자기들이 하는 것을 알지 못함이니이다"(눅 23:34).

따라서 우리에 대한 사람들의 의견에 관계없이, 우리가 높임을 받든 그렇지 않든, 그러한 시련의 시기가 끝날 때까지 그리스도의 십자가를 지기로 결심해야 한다. 왜냐하면 이러한 일시적인 작은 고난들은 우리를 위해 그 어떤 것과도 비교할 수 없는 영원한 영광을 낳을 것이기 때문이다.

나의 개인적인 입장은 이렇다. 나는 부흥과 연합과 기도의 운동을 위해 일할 것이다. 나는 하나님의 사람들 사이에 치유와 화해가 회복되어지는 것을 위해 일할 것이다. 하지만 하나님이 진정으로 원하시는 모든 것에 완전히 복종하는 아들(상처받기를 거부하고, 반응하기를 거부하며, 중상하고 핍박하는 사람들에 관계없이 용서하지 않는 마음을 거부하는 아들)을 일으키시는 것이라면, 나는 그 사람이 되겠다고 결심할 것이다. 나의 최우선적인 목표는 부흥이 아니라, 그리스도께 기쁨을 드리는 것이다.

우리들 가운데 아무도 아직 여기에 이르지 못했다. 하지만 우리가 이러한 태도를 가지고 있다면, 비판과 공격에 대한 우리의 반응은 우리 안에서 죽게 될 것이다.

그리고 우리가 여전히 넘어질지라도, 우리는 십자가를 지는 것이 단지 자아를 죽이는 것일 뿐 아니라, 우리를 십자가에 못 박은 바로 그 사람들을 용서하는 그리스도의 사랑으로 껴안는 것이라는 사실을 배우게 될 것이다.

주님, 저를 고소하는 자들의 비난들을 겸손하게 듣게 하소서. 다른 사람들이 저에 대해 흠잡을 때에 제 안에 영적인 평화가 넘쳐나게 하소서. 하지만 무엇보다 더, 옛 자아는 온전히 죽고, 온전히 당신만을 위해 살게 하옵소서. 저로 하여금 당신의 성품을 본받게 하시고, 당신의 형상을 따라 온전히 변화되어지게 하옵소서. 예수님의 이름으로 기도합니다. 아멘.

THE STRONGHOLD OF GOD

18장 하나님과 함께 보좌에

여호와는 나의 빛이요 나의 구원이시니 내가 누구를 두려워하리요
여호와는 내 생명의 능력이시니 내가 누구를 무서워하리요
악인들이 내 살을 먹으려고 내게로 왔으나
나의 대적들, 나의 원수들인 그들은 실족하여 넘어졌도다
군대가 나를 대적하여 진 칠지라도 내 마음이 두렵지 아니하며
전쟁이 일어나 나를 치려 할지라도 나는 여전히 태연하리로다
내가 여호와께 바라는 한 가지 일 그것을 구하리니
곧 내가 내 평생에 여호와의 집에 살면서
여호와의 아름다움을 바라보며 그의 성전에서 사모하는 그것이라
여호와께서 환난 날에 나를 그의 초막 속에 비밀히 지키시고
그의 장막 은밀한 곳에 나를 숨기시며 높은 바위 위에 두시리로다.

시편 27:1-5

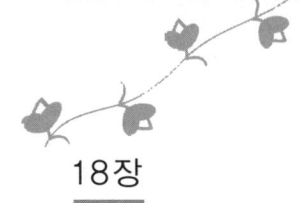

18장
하나님과 함께 보좌에

하나님에 의해 만지심을 받아서 그리스도에 대한 어떤 진정한 것이 당신의 영 안에서 착상되어지는 때가 있다. 사실 그때가 하나님이 소망들로 당신의 상상의 세계와 꿈을 채우기 시작하는 때이다. 그 경험은 임신하는 것과 매우 흡사하다. 하나님이 당신 안에 착상시키신 것이 당신의 믿음에 의해 양육되어지고, 당신의 기도를 통해 보호되어진다. 그리스도의 형상이 당신 안에서 이루어지고 있는 것이다(갈 4:19). 이때부터, 당신이 하나님과 함께 걸어가는 것은 단순히 종교적인 어떤 것이 아니라, 당신을 향한 하나님의 뜻이 된다.

하지만 이 발달 단계에서도 영적 미성숙함은 피할 수 없는 것이다. 하나님의 약속이 우리 안에서 소화되기까지는 시간이 필요하다. 우리는 조바심과 걱정으로 몸부림친다. 우리는 우리 자신의 독창성으로 하나님이 약속하신 모든 것을 우리가 획득할 수 있다고 생각한다. 일들이 지연되어지는 것을 우리가 그냥 받아들인다면, 우리는 죄의식에 의해서 괴롭힘을 당할 것이다.

하나님의 약속을 분만시키기

우리가 오직 하나님만이 그가 약속하신 것들을 성취할 수 있는 분이라는 것을 깨닫기까지는 오랜 시간이 걸린다. 우리의 임무는 우리의 마음을 준비시킴으로써 그분과 협력하는 것이다. 따라서 그리스도와 우리가 동행하는 첫 단계들은 보통 성취의 시기들이 아니라, 발달의 시기들이다.

하지만 전능하신 하나님만이 우리의 삶을 아주 주의 깊게 관찰하시는 유일한 초자연적인 존재는 아니다. 사탄 또한 우리 안에서 자라고 있는 생명의 거룩함과 목적을 감지한다. 특히 우리의 성취의 시기가 가까이 다가올 때, 사탄은 우리 안에서 이루어지고 있는 하나님의 일을 유산시키려고 노력한다. 우리는 안팎으로 전투를 하게 된다. 이러한 전투를 통해 맞게 되는 어려운 시간들을 통과해 나가면서, 우리는 우리의 동기들을 의심하면서 우리가 아직 준비되지 않았다는 우려를 하게 된다.

외부적으로 우리는 사탄이 우리의 활동들을 고소하거나 비난하기 위해서 사용하는 사람들의 고발에 직면한다. 우리는 사탄에게 조작 당하는 사람들의 태도에 올바르게 대처하지 못한다. 우리는 그들 앞에서 우리의 정당성을 놓고 논쟁을 한다. "하나님으로부터 온 어떤 것이 내 안에 있다! 당신은 그것을 보지 못하는가? 나를 비난하지 말고, 나를 도와주라!"

하지만 우리는 다른 사람들의 인정을 받으려는 노력이 열매를 맺지 못할 뿐 아니라, 우리가 받는 위안이 찰나적인 것임을 곧 알게 된다. 우리에게는 그렇게 우리를 지지하지 않는 사람들을 비난할 권리가 있는가? 그래서는 안 된다. 왜냐하면 하나님의 칙령에 의하여, 하나님을 제외한 그 어떤 사람도 우리가 갈망하는 지지를 우리에게 공급할 수 없기 때문이다. 다른 사람들의 중보 기도가 우리의 영적 상태에 큰 도움을 주고 있을지라도, 하나님이 우리 안에 착상시키신 것은 결국 힘의 근원을 오직 그리스도 안에서 발견해야 하는 것이기 때문이다.

솔로몬이 성전을 지었을 때에, 성전의 두 기둥 위에 야긴과 보아스라고 새겼던 것을 당신은 기억할 것이다(왕상 7:21). 야긴은 "그가 세우리라"는 뜻을 가지고 있고, 보아스는 "그 안에 능력이 있다"는 뜻을 가지고 있다. 우리가 하나님을 진정으로 섬기고 그 안에 거하기 위해서는 그의 힘 외에는 어떠한 힘도 의지해서는 안 된다. 그가 세우시는 것을 제외한 어떤 성공도 의지해서는 안 된다.

기도가 돌파구를 낳는다

요한계시록 12장은 참 영적 성숙의 유형에 대한 통찰력을 우리에게 제공해 준다. 여기에서 우리는 그리스도가 어떻게 우리 안에서 시작되어지는지에 대한 묘사를 보게 된다. 그 다음에 준비를 위한 소화의 시기와 우리 삶 속에 그리스도가 나타나는 것을 저지시키기 위한 사탄의 노력이 나타난다. 마지막으로 우리는 그리스도의 종을 통하여 계시되어지고 실현되어지는 그리스도의 성품을 보게 된다.

요한은 큰 이적을 보았다. "하늘에 큰 이적이 보이니 해를 옷 입은 한 여자가 있는데 그 발아래에는 달이 있고 그 머리에는 열두 별의 관을 썼더라 이 여자가 아이를 배어 해산하게 되매 아파서 애써 부르짖더라"(계 12:1-2).

많은 주석가들은 이 여인을 그리스도를 낳은, 혹은 새로운 이스라엘이 되는 신약과 구약의 성도들을 낳는 이스라엘로 해석한다. 다른 사람들은 하나님이 열방들 사이에서 대 영적 각성을 일으키기 위해 기도를 통해 사람들을 움직이시는 과정으로 본다. 또 다른 사람들은 마지막 시대에 있게 될 성도들의 특별한 중보 기도의 한 유형으로 보는데, 그들의 산고와 같은 수고는 그리스도의 재림에 의해 마쳐질 것이라고 말한다.

요한계시록 12장에 나오는 산고의 고통을 당하는 여자가 무엇을 의미하든지, 우리의 우선적인 초점은 그녀의 행동 배후에 있는 원리에 있다. 이 여자의 고통 안에는 우리가 하나님을 섬길 때에 진정으로 태어나는 그리스도를 보고자 하는 우리의 분투(비록 훨씬 작은 규모이기는 하지만)가 반영되어 있다.

선한 일의 중요성이나 우리의 현 임무에 충실한 것의 중요성을 과소평가하지 않지만, 우리 안에 있는 깊은 어떤 것이 우리에게 다가오는 하나님의 뜻을 이루기 위해 특별한 기도를 하면서 일어나라고 요구할 때가 있다. 지금이 그리스도의 새로운 차원이 우리의 삶 속에서 막 드러나려 하는 때이다.

산고를 겪고 있는 여인은 돌파구 지점에 이르기까지 하나님의 목적을 수행하였다. 그녀가 이전의 모든 일들 속에서 소비했던 에너지가 해산의 기도 안으로 스며들어 왔다. "이 여자가 아이를 배어 해산하게 되매 아파서 애써 부르짖더라"(2절). 이 깊은 기도 속에서, 그녀는 '장차 철장으로 만국을 다스릴' 사람을 낳았다.

우리 또한 마찬가지이다. 하나님이 우리 영 안에 두신 비전이 온 세상을 다스리지 않을지 모르지만, 그 비전이 나타날 때에 그 비전은 그리스도가 될 것이다. 그리스도가 온 세상을 다스릴 것이다. 하지만 그분은 우리의 믿음과 준비, 해산의 기도 없이는 나타날 수 없다.

일하고, 섬기며, 보여야 할 때가 있다. 그리고 우리 안에 있는 하나님의 목적이 가까이 다가온 또 다른 때도 있다. 지금은 집중적인 기도를 드려야 할 때이다.

최근 몇 년 동안에 주님이 교회를 더 열정적이고 더 위대한 기도를 하도록 인도하신 것에 주목해야 한다. 주님의 일들에는 덜 귀한 것이 없지만, 새로운 목적이 막 태어나려 하고 있다. 지금이 기도할 때이다.

적의 공격

하나님의 새로운 움직임을 착수시키는 모든 것이 기도라면, 우리는 이미 부흥을 경험하고 있어야 한다. 하지만 요한의 이상이 보여 주듯이, 요한계시록 12장에 나오는 여인이 막 해산하려 할 때에 또 다른 표적이 나타났다. "하늘에 또 다른 이적이 보이니 보라 한 큰 붉은 용이 있어 머리가 일곱이요 뿔이 열이라 그 여러 머리에 일곱 왕관이 있는데 그 꼬리가 하늘의 별 삼분의 일을 끌어다가 땅에 던지더라 용이 해산하려는 여자 앞에서 그가 해산하면 그 아이를 삼키고자 하더니 여자가 아들을 낳으니 이는 장차 철장으로 만국을 다스릴 남자라 그 아이를 하나님 앞과 그 보좌 앞으로 올려가더라"(계 12:3-5).

대부분의 사람들은 이 여자에게서 난 사람이 예수 그리스도와 그의 일을 나타낸다고 믿는다. 하나님의 아들조차도 그의 삶의 시작을 자기를 방어할 수 없는 연약한 아이로 시작하였다.

이와 같이, 하나님이 사용하신 모든 사람들은 상처받기 쉬운 상태에서 보호를 필요로 하면서 이 세상에 들어왔다. 사탄이 최대의 공격을 가하려 하는 때는 하나님의 새로운 일이 아슬아슬하게 앞으로 나아가고 있을 때다. 사탄이 우리가 그리스도 안에서 시작하는 새로운 일들에 대항하여 전투를 감행하는 형태는 참소이다.

우리를 위한 하나님의 목적이 가장 무너지기 쉬운 때가 바로 이때이다. 요한계시록 12장에서, 여인의 태 앞에서 기다리고 있는 용은 마귀로서, 특별히 형제들을 참소하는 자로 확인되어졌다.

말이 가진 힘

마귀가 우리를 참소할 때에, 그는 어느 정도의 진실이 들어 있지 않는 그러한 참소를 하지는 않는다. 그는 우리 존재의 하찮음을 지적하고, 우리의 영성이 부족함을 강조하며, 우리의 무지와 두려움을 이용하며, 우리의 미성숙함과 실패에 대해 비난한다. 마귀는 평범한 말들을 사용하면서 우리의 새로운 시작을 중단시키거나 방해한다.

당신이 그리스도에 대해서 처음으로 다른 사람에게 이야기한 때나, 성경 공부 시간에 목소리를 높인 첫 시간을 상기해 보라. 많은 사람들의 경우에 있어서, 홍수와 같은 말들이 그러한 첫 경험 후에 밀려오기 시작한다. "네가 진심으로 그렇게 말했니? 아무도 그 말을 듣지 못했다! 너는 네가 지금 무슨 말을 하는지도 모르고 이야기하고 있는 것 같구나! 그들은 너의 말에 관심이 없다. 너는 그들의 흥미를 빼앗아 버렸다!"

그러한 말들은 형제들을 참소하는 자로부터 온 것들이다. 이 영 때문에, 많은 사람들에게 주어진 하나님의 목적이 낙태를 당하고 있다. 그리스도의 영을 경외하며 살아야 될 많은 사람들이, 대신에 예수 그리스도에 대한 단순한 신학적 지식을 아는 것으로 만족해 하고 있다. 따라서 사탄은 그들의 불완전함을 이용했고, 그리스도에 대한 그들의 소망을 계속적인 참소를 통하여 묻어 버렸다.

이러한 면에서 참소자가 성공적으로 당신을 방해했을지라도,

이것을 분명히 알라. 당신 안에 있는 그리스도는 죽을 수 없다. 그분은 믿음과 소망의 새로운 혼합, 그리고 인내와 기도의 새로운 혼합을 기다리고 계신다. 당신이 싸우고 있는 적은 실패나 무지, 영성의 부족 때문에 나타난 것이 아니다. 당신의 적은 형제들을 참소하는 자이다. 그는 당신의 약점을 조작하여, 당신에게 불리하게 이용하려고 한다. 홍수와 같은 말들을 통하여, 그는 하나님과 당신의 관계를 그리스도의 생명의 실체가 없는 공허한 종교로 전락시키기를 원한다.

하나님께로 올려지기

우리의 삶 속에서 그리스도의 계시를 멈추게 하려는 참소하는 영, 즉 사탄을 우리가 어떻게 극복할 수 있겠는가? 우리를 향한 하나님의 뜻을 이루는 데 있어서 필요한 열쇠가 있는 요한계시록 12장으로 다시 돌아가 보자. "여자가 아들을 낳으니 이는 장차 철장으로 만국을 다스릴 남자라 그 아이를 하나님 앞과 그 보좌 앞으로 올려가더라"(계 12:5). 그 여인의 아들이 "하나님 앞과 그 보좌 앞으로 올려가듯이" 우리 또한 살아 계신 하나님의 임재 안에 거하면서 올려가야 한다.

우리는 우리 자신이 마귀의 참소나 사람들의 의견에 의해 저지되는 것을 허락해서는 안 된다. 참소자의 무기가 말이라면, 우리의 승리는 하나님의 말씀이라는 것을 또한 알아야 한다. 그분은 우리가 그의 자녀들이라고 말씀하셨다. 그의 아들이 우리 안에 거하면서 우리를 의롭고, 거룩하며, 능력 있게 하신다.

우리가 그리스도께로 처음 나온 순간부터, 성령님의 상승 기류가 있어 왔다. 이것은 하나님이 우리를 그의 임재의 충만함으로 인도하기 위하여 끊임없이 위로 끌어올리시는 힘이다. 우리가 이러한 것들을 똑똑히 보아 왔다. 모든 것이 합력하여 선을 이룬다. 우리는 우리 자신들의 경험을 통하여 이것을 확신하고 있다. 그리스도 예수 안에 있는 하나님의 사랑으로부터 우리를 끊을 수 있는 것은 존재하지 않는다(롬 8:28, 38-39). 따라서 이러한 하나님의 바람(wind)에 우리 자신을 맡기며, 그러한 순종을 통하여 그분이 우리를 우리의 거룩한 미래로 옮기는 것을 허락하자.

이것이 매우 무게가 있으면서도, 기쁨을 주는 진리이다. 교회가 기다리고 있는 휴거는 이미 우리 영혼 안에서 시작되었다! 지금 하나님은 그와 함께 우리를 올리셨고, 우리를 예수 그리스도 안에서 그와 함께 하늘에 앉히셨다(엡 2:6 참조). 예수님이 "나는 부활이요 생명이니"(요 11:25)라고 말씀하시지 않았는가? 예수님은 부활이 단지 하나의 사건만이 아니라, 한 인격체라고 말씀하신다. 그리고 그분이 우리를 새롭게 하시고, 하나님의 풍성함에 이르도록 우리를 위로 이끄시면서 오늘 우리와 함께하신다!

사탄의 전략은 우리가 계속해서 육신에 속한 자로, 종교주의자로, 그리고 땅에 묶인 자로 살도록 만드는 것이다. 하지만 사탄은 너무 늦었다. 왜냐하면 우리는 지금도 하늘에서 태어난 자로서 하나님의 영광을 향해 나아가고 있기 때문이다. 우리는 위로부터 거듭나지 않았는가? 위에 있는 예루살렘이 우리의 어머니라고 쓰여 있지 않은가?(갈 4:26) 천국은 단지 우리의 목적지일 뿐 아니라, 우리의 고향으로서 우리가 태어난 곳이다!

따라서 참소하는 자에 대한 우리의 첫 번째 전략은 하나님의 말씀을 제외한 어떤 다른 말들도 우리의 미래를 제한하는 것을 허락하지 않는 것이어야 한다. 참소하는 자가 공격할 때, 우리는 참소하는 자의 수준으로 내려가는 대신에 그리스도의 높이까지 찬양하며 올라가야 한다. 우리는 하나님의 임재 안으로 피해야 한다.

그렇다. 그리스도의 선하신 능력 안에서 예수님은 형제들을 참소하는 자의 공격조차도 구속하신다. 왜냐하면 하나님이 우리를 더 높은 곳을 향하여 나아가게 하고자 하는 의도 속에서, 우리가 고난을 경험하게 하기 위해서 사용하신 것이 바로 이 참소하는 자이기 때문이다. 그리고 우리 하나님은 우리가 우리의 필요 속에서 하나님의 보좌 앞으로 나아오는 것뿐 아니라, 우리가 하늘에서 그리스도와 함께 거하는 것을 배울 때까지, 사탄의 참소가 일으키는 효과들을 계속해서 반전시키실 것이다. 이 하나님의 요새는 우리가 하나님 안에서 나아가는 목적지이다. 그곳에서 우리는 영적으로 하나님과 그분의 보좌 위로 올려지게 된다.

주님, 저를 해하려 하는 것들을 취하사 저의 유익을 위해 그것들을 사용하시는 당신의 능력을 찬양합니다! 참소하는 자의 공격을 바꾸사 저로 하여금 당신의 임재 안으로 나아가도록 만드는 지팡이로 삼으시니 감사합니다! 당신의 보좌에서 당신과 함께 있는 것 외에, 제가 사모하는 장소는 한 군데도 없나이다. 심지어 참소하는 자가 제 앞에 서 있을 때라도, 당장에 안전을 위해 제가 당신께로 피할 수 있는 겸손한 마음을 저에게 허락하소서. 예수님의 이름으로 기도합니다. 아멘.

THE STRONGHOLD OF GOD

19장 주님의 영광을 입기

하나님은 우리의 피난처시요 힘이시니
환난 중에 만날 큰 도움이시라
그러므로 땅이 변하든지 산이 흔들려 바다 가운데에 빠지든지
바닷물이 솟아나고 뛰놀든지 그것이 넘침으로
산이 흔들릴지라도 우리는 두려워하지 아니하리로다 (셀라)
한 시내가 있어 나뉘어 흘러 하나님의 성
곧 지존하신 이의 성소를 기쁘게 하도다
하나님이 그 성중에 거하시매 성이 흔들리지 아니할 것이라
새벽에 하나님이 도우시리로다
뭇 나라가 떠들며 왕국이 흔들렸더니
그가 소리를 내시매 땅이 녹았도다
만군의 여호와께서 우리와 함께하시니
야곱의 하나님은 우리의 피난처시로다 (셀라).

시편 46:1-7

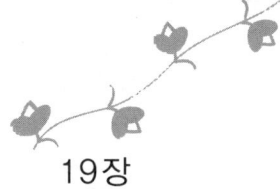

19장

주님의 영광을 입기

하늘에 계신 그리스도의 영은 우리 안에 계신 그리스도의 영과 똑같다. 차이점이 있다면 하늘에 계신 예수님은 영광을 입고 계시고, 이 땅에 계신 예수님은 우리의 불완전한 육체로 가려지셨다는 것이다. 하지만 그리스도는 하늘에 계시거나 우리 안에 계시거나 동일하다. 바울은 교회 안에 있는 능력의 근원과 영광을 분명하게 밝히고 있다. "너희는 믿음 안에 있는가 너희 자신을 시험하고 너희 자신을 확증하라 예수 그리스도께서 너희 안에 계신 줄을 너희가 스스로 알지 못하느냐 그렇지 않으면 너희는 버림 받은 자니라"(고후 13:5).

또 다른 곳에서 바울은 자기 내면의 영적 생활을 '그리스도와 함께 십자가에 못 박힌 것'으로 정의하였다. 그는 그 말에 이어서 다음과 같이 말했다.

내가 그리스도와 함께 십자가에 못 박혔나니 그런즉 이제는 내가 사는 것이 아니요 오직 내 안에 그리스도께서 사시는 것이라 이제 내가 육체 가운데 사는 것은 나를 사랑하사 나를 위하여 자기 자신을 버리신 하나님의 아들을 믿는 믿음 안에서 사는 것이라 내가 하나님의 은혜를 폐하지 아니하노니 만일 의롭게 되는 것이 율법으로 말미암으면 그리스도께서 헛되이 죽으셨느니라(갈 2:20-21).

여기에서 하나님의 은혜가 무엇인가? 우리가 한때 알고 있었던 죄로 물든 옛 자아가 십자가에 못 박힘으로써 그리스도께서 그의 영광을 우리에게 가져오실 수 있게 된 것이 바로 하나님의 은혜다. 태초부터 변하지 않는 하나님의 목적은 인간을 그의 형상대로 만드시는 것이었다. 다른 계획은 없다. 하나님은 이 시대의 마지막에 이 계획을 완성하실 것이다.

요한계시록 10장 7절에 다음과 같은 말씀이 있다. "일곱째 천사가 소리 내는 날 그의 나팔을 불려고 할 때에 하나님이 그의 종 선지자들에게 전하신 복음과 같이 이루어지리라." 여기에 나오는 '하나님의 비밀' 이란 무엇인가? 하나님의 비밀은 '당신 안에 계신 그리스도, 곧 영광의 소망' 이시다(골 1:27 참고).

당신이 알고 있듯이, 하나님의 비밀이 더 이상 비밀이 되지 않을 때가 다가오고 있다. 우리의 준비 기간은 이제 마쳐질 것이며, 우리는 그와 같이 될 것이다. 우리의 썩어 없어질 생명이 썩어지지 않을 것을 덧입게 될 것이다. 우리는 빛나는 외투와 같은 썩어지지 않을 것을 입을 것이다. 그리스도가 우리의 불완전한 육체를 입으신 것과 같이, 우리는 그의 찬란한 영광을 입게 될 것이다.

따라서 우리의 거룩한 목적은 우리의 마음속에 주님이 오시는 길을 만드는 것이다. 하나님의 영광의 비전을 가지고, 우리는 현재의 고난은 어떤 것과도 비교할 수 없는 영원한 영광을 우리 안에서 생성하기 위해, 하나님에 의해서 사용되어지고 있다는 것을 기억하면서 우리의 십자가를 져야 한다. 바울은 다음과 같이 기록했다.

우리가 항상 예수의 죽음을 몸에 짊어짐은 예수의 생명이 또한 우리 몸에 나타나게 하려 함이라 우리 살아 있는 자가 항상 예수를 위하여 죽음에 넘겨짐은 예수의 생명이 또한 우리 죽을 육체에 나타나게 하려 함이라(고후 4:10-11).

예수의 생명이 우리의 목표이며 영광이다! "이를 위하여 우리의 복음으로 너희를 부르사 우리 주 예수 그리스도의 영광을 얻게 하려 하심이니라"(살후 2:14).

예수님이 "그날에 그가 강림하사 그의 성도들에게서 영광을 받으시고 모든 믿는 자들에게서 놀랍게 여김을"(살후 1:10) 얻으실 것이다. "이는 너희가 죽었고 너희 생명이 그리스도와 함께 하나님 안에 감추어졌음이라 우리 생명이신 그리스도께서 나타나실 그때에 너희도 그와 함께 영광 중에 나타나리라"(골 3:3-4). 이 예수 그리스도의 생명이 하나님의 요새이다. 이것은 어떤 '깊은 가르침'이 아니라, 기독교의 기본적인 가르침이다. 우리는 모든 사람들에 의해서 알려지고 읽혀지는 '살아 있는 편지'이다. 교회는 예수 그리스도를 나타내어서 세상이 그를 바라보게 해야 한다. 예수님 자신이 이렇게 말씀하시지 않았는가? "아버지여 내게 주신 자도 나 있는 곳에 나와 함께 있어 아버지께서 창세 전부터 나를 사랑하시므로 내게 주신 나의 영광을 그들로 보게 하시기를 원하옵나이다"(요 17:24).

하지만 그의 영광을 바라보는 것은 그의 영광을 우리 삶 속에 모시는 첫 단계일 뿐이다. 그분은 또한 다음과 같이 말씀하셨다.

> 내게 주신 영광을 내가 그들에게 주었사오니 이는 우리가 하나가 된 것 같이 그들도 하나가 되게 하려 함이니이다 곧 내가 그들 안에 있고 아버지께서 내 안에 계시어 그들로 온전함을 이루어 하나가 되게 하려 함은 아버지께서 나를 보내신 것과 또 나를 사랑하심 같이 그들도 사랑하신 것을 세상으로 알게 하려 함이로소이다(요 17:22-23).

우리의 목표는 기독교에 대해서 세상에 알리는 것이 아니라, 그리스도의 영광을 드러내는 것이어야 한다. 우리는 우리 전체가 드려지지 않는 순종 속에서 예수님을 흉내 내라고 부름을 받은 것이 아니다. 우리는 예수님이 우리를 통하여 인류에 빛을 발하게 하실 수 있게 하기 위하여 부름을 받았다.

지금, 모든 그리스도인들 안에는 두 종류의 인격체가 있다. 예수님과 자신이다. 우리 모두는 그 안에 거하는 법을 배워야 한다. 예수님은 "그날에는 내가 아버지 안에, 너희가 내 안에, 내가 너희 안에 있는 것을 너희가 알리라"(요 14:20)고 말씀하셨다.

그날이 다가오고 있으며, 지금이 당신이 알 수 있는 가장 위대한 진리가 당신이 그리스도 안에 있고, 그리스도가 당신 안에 있는 것인 그러한 때이다. "예수께서 대답하여 이르시되 사람이 나를 사랑하면 내 말을 지키리니 내 아버지께서 그를 사랑하실 것이요 우리가 그에게 가서 거처를 그와 함께하리라"(요 14:23). 한때 반역과 자기 유익으로 가득 차 있었던 우리의 삶은 하나님의 처소, 즉 영광으로 가득 찬 하나님의 거처가 되기 위해서 구분되어져 왔다.

예수님을 아는 것으로 인하여 유명해지기

미성숙한 사람들은 여러 가지 많은 도구로 유명해지기를 추구한다. 때로는 자기의 영적 은사들이나 교리들을 강조함으로써 자기의 명성을 나타내려 하기도 한다. 어떤 이들은 자기 교회의 정치 형태를 자랑하기도 한다. 또 어떤 이들은 건물이나 복음주의적 프로그램들을 통하여 인정받기를 원하고 있다.

오늘날 우리가 유명해지기를 원한다면, 우리는 그리스도를 아는 것으로 유명해지기만을 추구해야 한다. 그분의 영과 능력을 포함하는 하나님의 임재가 그분만을 따르는 사람들과 어디든지 동행할 것이라는 것이 그분의 약속이다. 따라서 우리의 초점은 그리스도에게만 맞춰져야 한다. 왜냐하면 하나님은 결국에 예수님을 통하여 큰 영광으로 우리의 삶 속에서 함께하실 것이기 때문이다. 그렇다. 큰 표적과 기사들은 우리의 손을 통하여 점점 더욱 많이 일어나게 될 것이다. 그리고 또한 기적과 같은 일들이 우리의 초점을 흔들어서 주님으로부터 멀어지게 하지도 않을 것이다. 왜냐하면 우리가 하나님의 능력을 추구하는 것이 아니라, 하나님 그 자체를 추구하기 때문이다. 우리가 병든 자들에게 손을 얹지 않아도, 그들은 예배 중에 나음을 입을 것이다.

따라서 우리는 우리를 계속해서 주님께로 돌아가게 하는 성령님을 발견하게 된다. 성령님 없이 드리는 우리의 기도는 단지 의식적인 것에 지나지 않는다. 성령님 없이는 우리 그리스도인들이 아무 일도 할 수 없다. 하지만 우리는 성령님과 함께라면 영광의 처소에도 들어갈 수 있다. 우리는 그분의 임재 안에서 하나님의 요새를 발견한다.

영광의 천막

성도들을 보호해 주는 원천이 될 영광이 도래하고 있다.

> 여호와께서 거하시는 온 시온 산과 모든 집회 위에 낮이면 구름과 연기, 밤이면 화염의 빛을 만드시고 그 모든 영광 위에 덮개를 두시며 또 초막이 있어서 낮에는 더위를 피하는 그늘을 지으며 또 풍우를 피하여 숨는 곳이 되리라(사 4:5-6).

이 영광이 어떻게 임하는가? 하나님은 불세례 속으로 교회를 인도하고 있다. 하나님은 '시온의 딸들의 더러움'을 씻어내실 목적을 가지고 계신다. 하나님은 "그 심판하는 영과 소멸하는 영으로 시온의 딸들의 더러움을 씻기시며 예루살렘의 피를 그중에서 청결하게 하실"(사 4:4) 작정이시다. 우리가 정결해지면 정결해질수록, 우리를 통해 빛나게 될 영광은 더욱더 찬란하게 될 것이며, 하나님의 요새는 더욱더 넓어질 것이다.

주님, 영광 중에 계신 당신을 아는 것이 하나님의 요새 안에 영원히 거하는 것입니다. 하지만 당신의 영광을 알기 위해서, 저는 저 자신의 '영광'과 저의 교파와 저의 문화를 포기해야만 합니다. 당신은 저의 영광이시며, 제 머리를 높이 드시는 분이십니다. 당신의 영광의 빛으로 저에게 세례를 베푸소서. 당신께서 모세에게 주신 은혜, 즉 제가 당신의 영광과 아름다움을 볼 수 있는 회막을 저에게 허락하옵소서. 당신의 임재로 저를 두르소서. 그러면 충만한 은혜 가운데 더 이상 아무것도 구하지 않겠습니다. 예수님의 이름으로 기도합니다. 아멘.

THE STRONGHOLD OF GOD

20장 하나님의 성소에서

일어나라 빛을 발하라
이는 네 빛이 이르렀고 여호와의 영광이 네 위에 임하였음이니라
보라 어둠이 땅을 덮을 것이며 캄캄함이 만민을 가리려니와
오직 여호와께서 네 위에 임하실 것이며
그의 영광이 네 위에 나타나리니
나라들은 네 빛으로, 왕들은 비치는 네 광명으로 나아오리라.

이사야 60:1-3

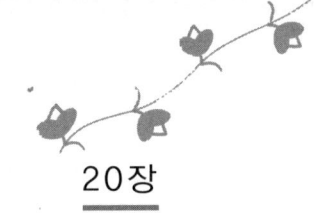

20장

하나님의 성소에서

　　오늘날 세상에서 그리스도인에게 들이닥치는 압박들과 전투에 대한 경고로 이 책을 집필하기 시작했다. 모든 그리스도인이 오직 하나님의 요새 안에서만 자신의 힘의 원천을 발견하는 것이 우리의 소망이다. 하지만 예수님은 또한 마지막 시대에 있게 될 기만에 대해서 경고하셨다. 그분의 말씀을 깊이 생각해 볼 때, 우리는 본능적으로 거짓 교사들과 거짓 예언자들을 생각하게 된다. 물론 이들이 많은 사람들을 오도할 것이다(마 24장 참조).

　　하지만 사탄의 전략들 가운데 이것보다 훨씬 더 위험한 또 다른 차원이 있다. 우리가 실상 진리를 앎에도 불구하고, 다른 일들에 너무 집중하거나 다른 일들로 인하여 너무 바쁜 나머지 그 진리에 집중하여 순종할 수 없게 될 수도 있다. 만약에 우리가 이렇게 된다면, 더 큰 심판은 하나님의 뜻을 전혀 알지 못한 사람 위에 떨어지는 것이 아니라, 우리 위에 떨어질 것이다.

　　예수님은 "너희는 스스로 조심하라 그렇지 않으면 방탕함과 술취함과 생활의 염려로 마음이 둔하여지고 뜻밖에 그날이 덫과 같이 너희에게 임하리라"(눅 21:34)고 경고하셨다.

'방탕하다'(dissipate)는 말은 '쓸데없는 일에 낭비하다, 목적 없이 헌신하다, 탕진하다, 사치하다' 라는 뜻을 가지고 있다. 예수님은 우리에게 은혜를 주시는 것 외에, 두 번째로 가장 중요한 은사로 우리에게 시간을 주셨다. 시간이 없다면 우리는 하나님의 어떤 다른 은사들이나 자원들 안에서 영적인 발전을 이룰 수 없게 된다. 우리가 하나님을 예배하기 위해 시간을 만들지 않는다면, 우리는 예수님이 말씀하신, '온 지구상에 거하는 모든 사람에게 임할'(눅 21:35) 이날을 위해 준비되지 않을 것이다. 주님의 날은 기쁨의 날이 아니라, 덫처럼 당신에게 임하는 날이 될 것이다.

계속해서 주님은 그를 지금 저버리는 사람들은 후에 그분에 의해 저버림을 당할 것이라고 경고하셨다(마 24:36, 25:46; 눅 13:24-30; 요 12:47-48 참고). 그들이 보호를 구하나, 예수님은 그것을 그들에게 제공하지 않을 것이다. 이유가 무엇인가? 하나님의 길들과 지식, 그리고 은혜 안에서 성장하는 데에는 시간이 걸리기 때문이다. 우리가 하나님의 요새 안으로 들어갈 수 있게 해 주는 것이 바로 이러한 성장이다. 오늘은 내일을 위해 준비하는 날이 되어야 한다. 준비하기 위해 내일을 기다리면 너무 늦게 될 것이다.

지성소

요한계시록에 경이로운 사건이 하나 등장한다. 요한은 다음과 같이 기록했다.

> 또 내게 지팡이 같은 갈대를 주며 말하기를 일어나서 하나님의 성전과 제단과 그 안에서 경배하는 자들을 측량하되(계 11:1).

요한은 '하나님의 성전'을 측량하라는 명령을 받았다. 요한에게 이 비전이 임했을 때, 예루살렘 성전은 20년 이상 동안 돌무더기로 전락해 있었다는 것을 아는 것이 중요하다. 요한은 눈에 보이는 예루살렘 성전이 아니라, 영적인 성전을 측량하라는 명령을 받은 것이다. 교회가 영적인 성전이다.

요한은 제단과 그 안에서 경배하는 자들을 측량하라는 명령을 받았다. 즉, 그는 자기 자신들을 하나님께 산 제물로 드리는 사람들을 측량하라는 명령을 받았다. 이 사람들은 자신들의 생명을 희생 제단 위에 쏟아부었던 사람들이다(빌 2:17). 그들은 하나님과 거룩한 장소에 거하는 비밀을 배운 사람들이었다.

요한은 또한 "성전 바깥 마당은 측량하지 말고 그냥 두라 이것은 이방인에게 주었은즉 그들이 거룩한 성을 마흔두 달 동안 짓밟으리라"(계 11:2)는 말씀을 들었다.

이 환상에서 요한에게 보여진 독특한 세 그룹의 사람들이 있었다. 하나님의 제단에서 경배를 드리는 사람들, 성전 밖에 있는 사람들, 마흔두 달 동안 거룩한 성을 짓밟을 이방인들. 이 문맥에서 '이방인들'은 '성전 밖' 마당에 있는 준비되지 않은 교회를 처형

할 사람들을 나타낸다. 제단에서 경배하는 자들은 사랑과 인내를 통하여 마지막 때에 하나님의 요새 안에 거하는 사람들이다.

여자도 남자도 아닌, 오직 그리스도

성전 밖에 있는 마당은 실상 성전 대지의 일부분으로서, 성 전체를 두르는 성벽 안에 있는 것이었다. 그것은 '여자들과 이방인들의 뜰'로 불려졌다. 오직 남자인 제사장들만 하나님의 지성소 안에 들어갈 수 있었다.

이것은 오늘날 여자들이 지성소에 들어갈 수 없다는 것을 의미하지 않는다. 이것은 여자들이 '아들들'(sons)이 되어야 한다는 것을 뜻한다(요 1:12 참고). 승리하기 위해서 그들은 유혹과 조작에 대한 의존을 십자가에 못 박아야 한다. 그들은 시기와 두려움의 한계들보다 더 높은 곳으로 올라가야 한다. 이러한 모든 것들은 십자가에 보내져서, 하나님의 외아들 예수 그리스도가 그들의 삶 속에서 참된 거룩함으로 빛나게 해야 한다.

교회의 남자들은 자신들이 안전하지도 않은데, 스스로 안전하다고 여기는 경우가 있다. 따라서 우리는 여자들이 남자들과 같이 되어야 한다고 말하고 있지 않음을 말하고 싶다. 이것은 하나님이 금하시는 것이다! 왜냐하면 남자들 또한 자신들의 반역과 영적인 무책임감, 그리고 게임들과 포부들, 통제욕 속에서 육욕을 표현하는 많은 방법들에 대하여 하나님께 회개해야 하기 때문이다.

바울은 아들이 남자도 여자도 아니라고 말한다(갈 3:28 참고). 하나님의 아들들은 문자 그대로 '그리스도로 옷 입은'(27절) 사람들이다. 그들은 자기들의 정체성의 근거로서 그리스도께 온전히 헌신하였다. 그들은 담대했지만 온순했고, 자유로웠지만 노예였으며, 이상에 있어서는 타협함이 없었지만 약한 자들을 향하여는 관용을 보였다. 여자들과 이방인들의 뜰을 떠나기 위해서 우리는 성별에 관계없이, 우리 육욕의 기만을 이기고 하나님의 임재 안으로 들어가야 한다.

우리는 우리의 영 안에서 '하나님의 거룩한 성전과…성령 안에서 하나님이 거하실 처소'가 되어야 한다(엡 2:21-22 참고).

이 시대의 마지막 순간에는 비록 이 땅에 살지라도 의식적으로 하늘에 있는 하나님의 장막에 거하는 사람들이 있게 될 것이다. 그들은 그리스도를 자신들의 보물로 만든 사람들이다. 그들의 보물이 있는 곳에 그들의 마음도 있다(마 6:21 참고).

그리고 마지막이 가까울수록 기독교인이라고 고백하지만, 그리스도의 명령들과 약속들, 경고들을 진지하게 생각해 본 적이 결코 없는 사람들이 있게 될 것이다. 심판의 날에 그들은 하나님을 위해 준비되지 않은 자들이라고 판결될 것이다.

나는 그리스도의 재림과 그분이 교회에게 요구하시는 정결함과 준비에 대해서 경고하지 않는다면, 그리스도에 대한 나의 섬김이 올바른 것이 되지 않을 것을 안다. 하지만 그분은 또한 확실한 약속을 우리에게 주신다. 보호막이 있고, 높고 안전하며, 영적 권세와 능력이 충만한 장소가 바로 그 약속의 대상이다. 하나님의 요새는 하나님의 임재이다. 그것은 그 안에서 경배하는 자들에 의해서 하나님의 제단에서 발견되어질 것이다.

주님, 제가 얼마나 쉽게 분주해지는지 모릅니다. 이 시대에 속하는 것들에 의해서 제가 얼마나 방탕한 삶을 사는지요! 주님, 제가 원하는 한 가지가 있습니다. 그것은 제 평생 당신의 처소에 거하면서 당신의 아름다움을 보고, 당신의 성전 안에서 묵상하는 것입니다.
오늘 저는 경배하면서 당신의 보좌 위에 오르기로 선택합니다. 오늘 저는 당신의 영광이 보이는 곳에서 살기로 선택합니다. 저는 기쁨으로 당신과 함께 하나님의 요새 안으로 들어갑니다. 예수님의 이름으로 기도합니다. 아멘.

| 나가는 말 |

　나는 이 책을 아쉽게 종결한다. 내가 "아쉽게"라고 말함은 성경이 하나님의 도우심에 대한 약속들로 가득 차 있기 때문이다. 내가 여기에 쓴 것들은 단지 개략적인 것들일 뿐이다. 하나님의 약속들을 스스로 공부해 나가다 보면, 겸손하게 하나님을 경외하면서 지혜롭고 올바른 삶을 산 사람들을 만나게 될 것이다.
　우리는 이 영광스러운 하나님의 요새로부터 전진해 나간다. 왜냐하면 우리가 그리스도로 옷 입는 것을 배우는 곳이 바로 여기이며, 그리스도가 하나님의 전신갑주이기 때문이다. 그리스도만이 우리의 영원한 요새가 되신다.